チャンポンおじさん

地域おこし

鳥取県倉吉市・小鴨（おがも）シニアクラブ協議会

北村 隆雄

!?
えっ!?
また本さ出すんですか!!

目次

まえがき

２０２０年2月より始まったコロナ禍はいつ終わるとも知れぬ不安と自粛により無観客試合やテレビを通じての応援、そしてまた対面での交流控えなど辛い時期が続きました。
約3年後。２０２３年3月にはコロナが収束に向かい始め、対面での交流が再開いたしました。その例として日本中が歓喜したＷＢＣワールドベースボールクラシックから地元コーラスコンサート、延期していた同窓会やシニアクラブ集会など、人々の交流と経済活動で再生への道を歩み出しました。

そこでシニアクラブでは会員と社会を明るくできればとの思いで、この3年間を試行錯誤して、ひとつの社会ブームを創作いたしました。空振りもありましたがヒットもでました。何とかしたいとの気迫と皆さんの協力のおかげでした。概要3点を紹介いたします。

1．２０２０年４月　「ハガキ出し運動」。自粛による頭と体を使わない対策として誰かに何かを書き、ハガキを出しにポストまで歩くことです。まさかまさかの2週間で全国ヒット。これはとっとりシニアバンクのネットニュースで読まれたことでした。

2. 2021年1月

「紙芝居：UFOチャンポン」。子ども向けファンタジーとして創作し、小学校・児童センターで公演してヒット。その紙芝居は（その本に掲載され、あらためて見たい・読みたいと）小学生の保護者やおじいちゃん・おばあちゃんからのプレゼントとして広がってゆきました。この結果、活動は「ハガキを書く」という自身の内面的活動から、「世の中に役立つ」という公共的社会活動に変化してゆきました。まとめた本を2021年7月に出版することになりました。

3. 2022年4月

「鳥取看護大学との研究提携」。大学からの学術的・第3者的視点でのアドバイスは大いに参考になるとともに、シニアクラブ会員の意識は向上し、他世代と共感することで発展してゆきました。

今後について。さて、（ない頭を絞り、幸運に恵まれたといえ）ここまで皆さまに応援いただいたなら、次、何をするかという課題と期待を考えるようになりました。

そこで考えた末にたどりついたのは「地域おこし」のテーマをやりたい。すなわち対面で会えるようになればハガキを出す回数は減る。大都市の産業は回復するが地方は回復が遅れる。しからば地域おこしのテーマを考えようと思いつきました。
２０２３年からの「地域おこし」活動の始まりです。そして、多くの方からの質問！「あのハガキ出し運動はどうなったのか」、そしてこれからをこの本の内容でご紹介いたします。

小鴨シニアクラブ協議会　会長　北　村　隆　雄

2021年４月に公民館からコミュニティセンターに
名称が変わりました

小鴨コミュニティセンター

倉吉って こんなまち

鳥取のまんなか

鳥取県中部の玄関口、倉吉駅を中心に、
東に温泉、北に日本海、西に大山、南には避暑地
「蒜山高原」があり、オンもオフも楽しめる立地です。

▸▸▸▸ 打吹山（うつぶきやま）

かつては城が築かれ、伯耆国の経済の中心として栄えた倉吉のシンボル。原生林で覆われた自然林の宝庫で、日本桜名所100選、森林浴の森100選に選ばれている山陰を代表する都市公園。

R2年度
移住者数
284名
(220組)
転勤・学生は除く

鳥取県は人口最小県

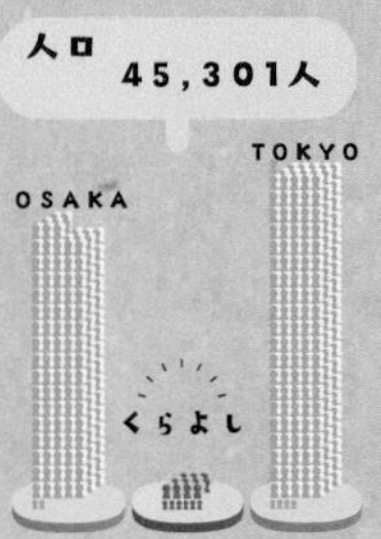
人口 45,301人
OSAKA
TOKYO
くらよし

R4年3月現在

美しい日本の歴史風土100選

江戸～昭和の風情が漂うまち

旧中心市街地にある白壁土蔵群には江戸・明治期の建造物が多く、国の重要伝統的建造物群保存地区に選定されています。歩くだけでタイムスリップしたような気分になれる独特な空気感のあるまちです。

1

小鴨地区の紹介

小鴨地区の豊かな自然の源は小鴨川です。小鴨川は全国の一級河川の中でも水質の良さで知られ、２０１９年から３年連続「水質が最も良好な川」に選ばれました。また、小鴨小学校の校歌にも歌われ、親しまれています。

この川は長い年月をかけ流れを東に変えながら豊かな大地を育んできました。

この豊かな大地には水田が広がり、周辺には旧国鉄倉吉線の廃線跡に植えられた桜並木、神社の森、親水公園など人の手が加わった自然が多くみられます。そうした環境の中で、ホタルが数多く生息し、オオサンショウウオの保護例もあることから、多様な生物の棲みかになっていることが分かります。

小鴨川

人の手が加わり、そして維持されてきた自然が残されているのが小鴨地区の魅力の一つです。

ホタルがとびかう親水公園

旧倉吉線の散歩道、小鴨の桜

鳥取看護大学・鳥取短期大学グローカルセンターの紹介

２０１７（平成29）年4月、鳥取看護大学と鳥取短期大学（以下、両大学）の建学の精神である「地域に貢献する人材の育成」に基づき、交流と研究の拠点として鳥取看護大学・鳥取短期大学グローカルセンター（以下、グローカルセンター）が開設されました。グローカルとは、グローバル＝地球規模・世界規模とローカル＝地元・地域を合わせた造語であり、グローカルセンターは鳥取県内外、さらには海外と大学をつなぐ窓口として、さまざまな活動をおこなっています。

特に地域に対しては、両大学の教育・研究資源を活用して、地域社会の文化、教育、福祉・健康、産業等への支援、学術研究、地域社会への貢献に力を注いでいます。紙面の都合上、その中でもこ小鴨地区での活動に繋がる主な活動を２つ取り上げ紹介したいと思います。

地域研究・活動

地域のニーズに応える研究や、地域をフィールドとした活動を促進する観点から、「地域研究・活動推進事業助成金制度」を創設しています。毎年、両大学の専任教職員がこの制度に応募し、助成金を利用して自身の専門性を活かしたユニークな研究・活動をおこなっており、小鴨地区ともこの研究・活動推進事業により一段と繋がりを深めたところです。

このような研究や活動については、グローカルセンターが毎年発行する「グローカル（鳥取看護大学・鳥取短期大学グローカルセンター年報）」において紹介していますので、ご一読いただけましたら幸いです。

鳥取看護大学

地域の要望に応え、平成27年に開学した4年制の大学です。平成31年には大学院も開学しました。

入学定員／80名
修業年限／4年
学位／学士（看護学）

看護学部看護学科

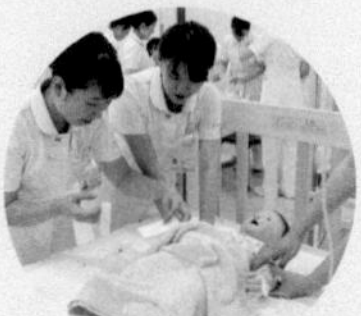

緑豊かな自然環境、充実した学舎、さまざまな実習施設での学びを通して、地域とともに歩む質の高い看護者をはぐくみます。

まちの保健室

いつでも誰でも気軽に立ち寄って、健康について相談できる場所として、教職員・学生・地域の方と一緒に取り組んでいます。

鳥取短期大学附属こども園

昭和46年に開園した認定こども園です。こどもたちは、自然豊かな環境のなか、のびのびと遊んでいます。

はくちょうの丘
楽しい農場
自然の恵みが
いっぱい
チクチク山
楽しい探検
元気な子どもが
育つ山
アスレチック
大プール
鳥取看護大学
鳥取短期大学

生活学科 住居・デザイン専攻

豊かな発想力をもとに暮らしのなかのデザインの可能性とあたらしい価値を生み出します。

生活学科 食物栄養専攻

食べたものが、未来をつくります。地域や家族の健康と笑顔を支える食のスペシャリストを養成します。

幼児教育保育学科

子どもから保護者支援まで、地域に暮らすあらゆる人びとの発達や生活を支えます。

第1章

ハガキ出し運動のはじまりと広がり

ハガキ出し運動から大学、倉吉市との連携で地域おこし

小鴨シニアクラブ協議会は、倉吉市小鴨地区にある、老人クラブ名称組織です。

私（北村隆雄）が10年前、２０１２年４月（当時63歳）に会長になった時に名称を「シニアクラブ協議会」に変更しました。そして、シンボルマークとして北村が旗デザインを新設しました。

デザインはバックの色を、太陽→空→自然の緑→大地の配色にしました。空色の比率を大きくし上向きカーブに、緑・大地色で重量安定感と高揚感を出しました。鳥取県の位置と倉吉の位置は地図で表し、マークとして一目で分かるデザインを入れました。可愛く、親しみやすくするため、倉吉市マスコットキャラクターを入れました。（市役所からキャラクター使用許諾を得ています）。上部に地域名：小鴨を入れ「鴨」がいる自然豊かな場所を特定している「地区名」を入れました。

おがも
小鴨
シニアクラブ協議会
鳥取
倉吉

小鴨シニアクラブ協議会の旗

会員は２０２２年度は１７２名でスタートして約１７０名としています。活動状況はウェブサイト「鳥取いきいきシニアバンク」もご参照ください。

２０２０年初め頃から、新型コロナウイルス感染症の影響により、鳥取県倉吉市「小鴨シニアクラブ協議会」(会員約１７０名）でも、従来のように人が集まるようなクラブ活動ができなくなりました。

そのため、活動自粛が続き、会員の中には心と体の衰えを感じる方が増え、「フレイル」の心配をされる方も出てきました。また、誰かとつながっている安心感などのニーズも浮上してきました。

このような状況の中、会長として、従来のようにクラブ活動ができないもどかしさがありました。

そこで思いついたのは（手軽で、安くて、昔書いたことのある）「ハガキ出し運動」でした。

この運動は、ハガキを誰に出すか、何を書くか、どう書くかなど頭を使うとともに、「ポストまで歩く」運動を組み合わせ、そして誰かとつながっている実感を持ってもらうことで、心と身体を活性化させることを目指すというものです。クラブでこの運動を提案したところ、みなさんに快く受け入れていただき、親戚、知り合い、友人、同級生など小鴨地区以外の方にも広がっていきました。運動に取り組んだ会員は「手書きの妙なほっこり感」を感じられるようです。

この運動を地域の新聞・テレビなどの報道機関で取り上げていただき、多くの方から賛同や参加をいただきました。２０２１年７月には活動紹介本「コロナに負けない新時代　ハガキ出し運動爆走中」を出版し、ハガキと健康・地域の活性化などに関心をもっておられる多くの方に「小鴨シニアクラブ協議会」の運動について知っていただきました。

そして、この運動に興味を持たれたのが、鳥取看護大学の小石真子准教授です。地域の社会教育・発展の可能性に着目され、大学の研究事業に関する審査委員会の承認を得て、２０２２年３月29日に鳥取看護大学と小鴨シニアクラブ協議会での共同研究を締結し、倉吉市にも協力をいただき研究活動を始めることとなりました。

コロナに負けない新時代
北村 隆雄
「ハガキ出し運動」推進中
NHK総合テレビ
「所さん！大変ですよ」
で放送されました。
日本の新しい文化と生活を提案

研究活動は大きく分けて二つの取り組みを行いました。一つ目の取り組みは小鴨シニアクラブ協議会の会員を対象としたアンケートの実施、二つ目の取り組みは小鴨音頭のリニューアルに関する取り組みです。

アンケートは、ハガキ出し運動について、ハガキの内容やその後のやりとりなどについて問いかけ、どのような「健康ニーズ」があるのかを確認し、今後のフレイル予防や介護予防につなげるというものです。4月から5月にかけてアンケートを実施し、8月にアンケート結果の中間報告を行いました。小石准教授の分析では、小鴨地区の生活自立の実態や生活満足度は、

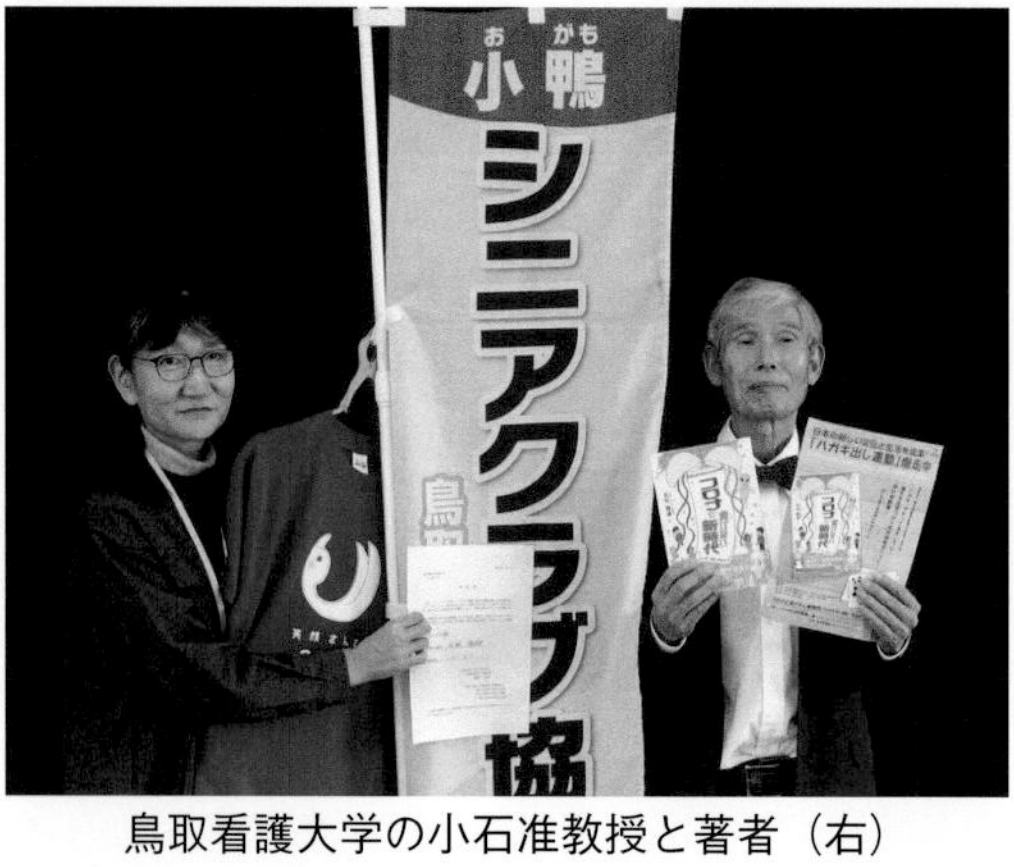
小鴨
シニアクラブ協
鳥取看護大学の小石准教授と著者（右）

全国平均よりも高いことが明らかになりました。これまでの取り組みがどのように影響を与えていたのかは測ることができませんが、少しでも貢献できていれば幸いだと感じています。

二つ目の小鴨音頭のリニューアルは、踊りの振り付けに介護予防の運動を取り入れるというものです。小鴨音頭は、昭和40年代から歌い踊り継がれているご当地音頭で、歌詞は2番まであります。地元の小鴨小学校では、毎年運動会の時に踊るので、小鴨地区の方は一度は聞いたことがあると思います。

この小鴨音頭について、まずは大学の先生方が音楽性・体操性・効果などの確認をされました。既存の踊りでも一定の運動効果はあるものの、運動部位が限定されることから、新たに3番を作詞して、全身に効果のある踊りの振り付けを追加することで新小鴨音頭が誕生しました。

フレイル予防に効果のある踊りの振付で練習

来場者も交えて踊る楽しい発表会

また、この小鴨音頭のメロディは、口頭で伝えられてきていたため、楽譜が存在していませんでした。そのため、この機会に大学の先生方の協力をいただき採譜・楽譜化を行い、書面での配布やネットでの公表を行いました。そして、２０２２年11月には新小鴨音頭の発表会を行いました。この発表会に向けて、9月から10月に小鴨シニアクラブ協議会の会員や地元の有志の方々でボランティアチームを結成し、大学の先生方のご指導のもと、歌と踊りの練習に励みました。

発表会の当日は、みんなで小鴨キャラクターロゴをあしらったTシャツを着て、小鴨シニアクラブ協議会の会員をはじめ、地域の方々で、新小鴨音頭を楽しみました。

今後、フォローのためのアンコール会やＰＲ・普及活動を行っていきます。ハガキ出し運動とあわせて、全国の多くの方にこの取り組みを知っていただけたら幸いです。

また、ハガキ出し運動と新小鴨音頭以外にも、小鴨健康手帳を作成し、会員への配布を行いました。この小鴨健康手帳は、地区の歴史、健康に関する情報やカレンダーなどを収録した1冊のファイルとなっています。また、必要な情報を追加したり、カレンダーを差替えたり、中身の更新ができるようになっています。会員の皆さんに末永く使っていただければと思っています。

ハガキ出し啓発・絵手紙教室の様子

このたびの取り組みに限らず、オリジナルキャラクターの作成、応援歌、絵本、寸劇など、様々な運動が拡がっていくことを期待しています。子どもからシニアまで多世代な共感を得ながら取り組みを行い、会員、地域住民、大学や行政などと連携しながら一緒に地域を盛り上げていければと考えています。

会員の声紹介

約1年前からの運動を振り返り感想を会員の廣谷啓一さんから頂きました。紹介いたします。

日本でも2020年2月頃から「クルーズ船ダイヤモンド・プリンセス号」の乗船者から新型コロナウイルス感染が確認され、一気に大問題へと発展いたしました。

政府も各種の対策を講じましたが、収束せず3月中旬からは学校も休校となり、不要不急の外出はしないように、三密を避けるようにとの要請がなされ、地区内の各種会議・研修会・大会等も軒並み自粛や中止となり、全国的に閉塞感が漂いました。

私たち「小鴨シニアクラブ」の総会・研修会・レクレーション大会も中止となり、会員一同寂しく残念な思いでひたすら家に閉じこもって居ました。

そのような中、小鴨シニアクラブの北村会長から、特に高齢者が家に居て身体を動かさず何も考えないと認知症が忍び寄る恐れがあるから、シニアクラブとして「コロナに負けないハガキ運動」をしようとの提案はありましたが、役員一同なにそれ？　ハガキとコロナとどんな関係があるの？と懐疑的でしたが、北村会長よりハガキを書くことは脳を活性化するし、郵便ポストまで歩いて投函すると適度な運動になると説明され、皆が納得した次第です。

早速、全員に郵便ハガキが配布され、私も東京に住んでいる子どもと孫に近状報告をしましたところ、残念ながら電話で返信がありました。その後、地元新聞・テレビ局より良い取り組みだと評価され、取材を受け、友人・知人へとハガキを出す範囲を広げて行きました。

そんな中、ＮＨＫ総合テレビの全国放送「所さん！大変ですよ」の番組で実際に書いてポストに投函するところを放映したいとの依頼が２０２０年にあり、私以上に妻の方が熱心に取り組んでおり、当家で受けることにいたしました。全国放送は10月27日でしたが、わが家での取材は9月4日午後2時から4時の2時間でした。特に飾ることなく普段どおりの様子で対応してくださいとのことでしたが、午後１時頃からそわそわして待っていました。

ようやく2時になり大型取材車が到着し、近所の方が何かあったのか？　とちょっとした人だかりとなり緊張が一気に高まりました。東京からのAディレクター、Kカメラマンの事前レクチャーを受け、まず友人・知人に各3通ずつ書き、その間にAディレクターから、なぜその人にハガキを出すのか？　これまで出した人の反応はどうだったか？　などの問いかけがあり、応答しながら3枚を書き上げ近所のポストに投函しました。

私は、親戚・友人・知人に延べ10枚書き、返信は3枚でしたが、妻は秋田県から大分県までの友人・知人に延べ30枚を出し、20枚の返信があったようです。また、全国放送「所さん！大変ですよ」の後、全国の友人・知人より小鴨シニアクラブの素晴らしい取り組みに感動しましたとのこと、電話・メールをたくさんいただき、この運動に参加した喜びをかみしめました。

出版：コロナに負けない新時代「ハガキ出し運動爆走中」

およそ1年前から始めた「はがき出し運動」をまとめた書籍を２０２１年7月21日に発刊いたしました。新型コロナが猛威を振るい、何もできない、やることがない。という、1年をいかに悩み、苦しみ、何かを決断した記録です。現在、コロナはもう終わったという見方、まだまだ白粛生活を続けるべきなど多様な意見があることは承知しております。

しかし、いずれは終息する〝その時代に向けて〟あるいは〝長い共存する時代〟に向け、この本を「世に問う本」として「コロナの記録」として出すのは今だと決断いたしました。

Exchanging HAND MAILING makes us happy. のメッセージに沿って紙芝居や音楽、俳句などを入れて日本中に「ハガキ」の楽しさを発信いたしました。

本を売ってみて

新型コロナが猛威を振るい、何もできない、やることがない。という、1年をいかに悩み、苦しみ、何かを決断した。その活動実践記録と未来への思いでした。……今を逃して（読者も私も）なんとするという旬を決断いたしました。

ただ、この「本」理解や共感されるだろうか？　という不安がありました。……それは、「コロナ」も「ハガキ」前代未聞、経験ないぞ？　分からんぞ？　……それもそうでしょう、ハガキ運動は「小鴨シニアクラブ会員」は、なにそれ？　ハガキは昔書いたわ、そんなので世の中変わらんで、と反対やら戸惑い。上部団体の某、お偉方の方も「北村、そがなことで」……アホと3人ぐらいの集団で笑われました。

という事は〃某団体のお偉方〃は頭固いけど、「文章・記録はありのままでOK」と思いました。論旨は「古い・人生経験豊富・今さら変われるか上司」説得感覚でじんぐり・じんぐり進めれば売れると判断いたしました。

語りかけ文章について考えてみました。「この活動支えた人　誰？」。小鴨シニアクラブ（老人クラブ）の面々。……シニアでも気の若い面々がある。その人、買うお金（1000円）だせるか。そしてその読者（シニア）が買って、「これ良いわ！」と若い人（子・孫）に送る想定。いわゆるテレワーク世代が読める文章・構成にいたしました。広く日本を変える・支える世代に向けてです。

「表紙」デザインも重要です。これは中にある「UFOチャンポン」紙芝居のキャラデザインを使用いたしました。……見た瞬間、これ売れる、売りやすいし、手に取ってもらえる。……日本のアニメ的な古いような、新しいような。不思議な面白さ、表紙からはみ出す元気の原動力……。

次なる「裏表紙」はどうしよう。それなら「国際ハガキ郵便」あり&古くて新しいデザインと考えた時（ビートルズのアビーロード）にしようと思いつきました。

ただ、本（100~以上程度のページ）作りを常にやっていない私はマズイ。本の展開、素材の配置、レイアウト、ページの流れ、色づかい等。自己流に陥る可能性があり、今井印刷様に相談いたしました。……結果。「良くできました。」の本となりました。

予期せぬ注文（お客様の反応を紹介いたします）……やっぱり、出してみて、売ってみて、人生の発見。（まさか買わない、本読まない世代の）シニア世代（老人）クラブから注文がありました。

その理由：日本でも内閣府に孤独・孤立防止問題対策室ができました。イギリス等でも早くから取組んでいます。日本には広範囲な郵便サービスがあり、その交流や対策です。
◎つまり、高齢者団体は（予算上、何か行事をしなければなりません。）セミナーをするとなると、講師を決めて、ビラ作り、会場決めて、人集め、……そりゃ無理。
（そもそも、この頃、国会団体　与党も野党も人集め、票集め、各種団体も人集め無理傾向。）

だから、老人クラブ事務局は考えられました。この本「フレイル・知的活動・認知症防止・絆と仲間つくり」テキストに買う、みんなで集まりお茶のみ、食べ物。……それ、老人クラブ費用（市役所認定ＯＫでした。）、コロナ活動自粛傾向に需要の注文があります（これ、予期せぬ需要）。

倉吉市７月20日にフランスチーム到着・滞在（オリンピックのボルダリング）に日本の文化紹介兼みやげ用に５冊買われる。28日協議に東京出発。……現在、フランスチームから感想聞いていない。……読んだだろうか。そんなヒマ無いかも。倉吉市が買っておみやげに持って帰っていただきました（これも予期せぬ需要）。

ハガキ出し運動の全国の皆さんの反応

２０２０年４月に全会員とともに実施した「ハガキ出し運動」。

ハガキ出し運動は
喜びのキャッチボール
もらって嬉しい 出して幸せ
東京、伝筆家

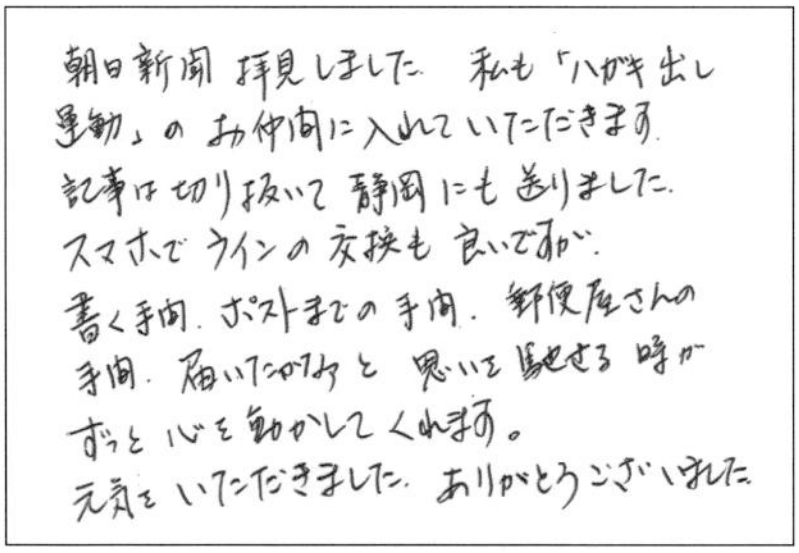
朝日新聞 拝見しました 私も「ハガキ出し運動」のお仲間に入れていただきます
記事は切り抜いて 静岡にも送りました
スマホで ラインの交換も 良いですが
書く手間 ポストまでの手間 郵便屋さんの手間 届いたかなと 思いを馳せる 時が
ずっと 心を動かしてくれます。
元気をいただきました ありがとうございました
鳥取県湯梨浜町

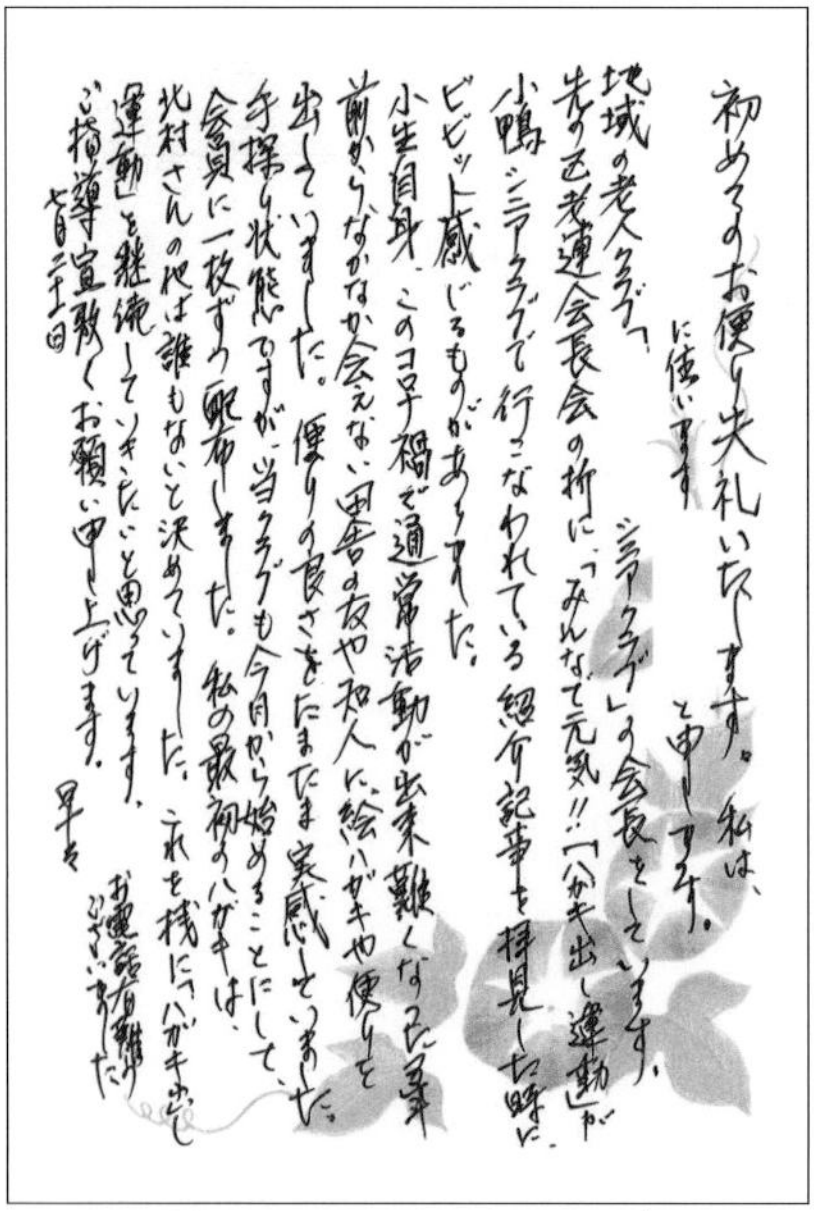
初めてのお便り失礼いたします。私は、
地域の老人クラブ「シニアクラブ」の会長をしています。
先の区老連会長会の折に「みんなで元気!!『ハガキ出し運動』」が
小嶋シニアクラブで行なわれている紹介記事を拝見した時に
ビビット感じるものがありました
前からなかなか会えない囲碁の友や知人に絵ハガキや便りを
出していました。便りの良さをまたまた実感していました
手探り状態ですが当クラブも今月から始めることにして
会員に一枚ずつ配布しました。私の最初のハガキは、
運動を継続していきたいと思っています。
ご指導宜敷くお願い申し上げます。
早々
神奈川県、シニアクラブ

「ハガキ出し」出版効果

共感者の感想を紹介いたします。『朝日新聞で拝見しました。私もハガキ出し運動のお仲間に入れていただきます。新聞を切り抜いて○○さんにも送りました。スマホでＬＩＮＥの交換も良いですが、書く手間、ポストまでの手間、郵便屋さんの手間、届いた手紙と思いを馳せることはずっと心を動かしてくれます。元気を頂きましたありがとうございました。今後も益々ご活躍くださいますように！』

このように、本・運動提唱から始まる効果を〝明るい気持ちになる〟新産業を創造するという視点で今後を考えてみたいと思います。

１．新しい通信ビジネス

はがきとＬＩＮＥの共存を示しています。アナログ／デジタル通信。健康・情緒／利便性のコミュニケーション。Ｚ世代～シニア世代の通信ビジネスモデルです。すでに企業ＤＸ部門から興味を頂いています。

２．大学での研究

新型コロナ感染が落ち着いています。いずれ、あるいはこの機会「コロナの記録」を残して、今後につなげたい。いわゆる〝ウィズコロナ時代をどう生きるか〟。この「本」に書いてある内容を分析し研究したいと申されています。……私は「全面的に協力したい」と申しあげ、孤独防止やコミュニティ再生。そして健康産業の創造と話と進んでいただきたいと思います。

3. 公共展示

政府の分科会のコロナ記録はいずれ整理され公開や展示されると思います。しかし、この「本」の記録と今後の想いは「庶民の、庶民のための、庶民の想い」を描いており、図書館等は参考用と、これからの展示用に購入されています。

4. 応援歌などのソフトパワー

ハガキを何枚も何人に〝そうそう〟なかなか書けるものではありません。「本」の中にマンガ・応援歌・紙芝居ファンタジーなど、試行錯誤の創作発表しながら、ハガキ出し応援や解説を進めています。次の啓発活動は絵画講師を招いて「絵手紙ワークショップ」の開催です。文章は不得意だけど絵ならという方に、描くキッカケを作りたいと思います。その絵に応援キャラやキャッチコピーが生まれたらと期待しています。このように「社会の、社会のための……」を忘れずに活動してまいります。まあ、一度「本」を手に取ってご覧下さい。

●とっとりいきいきシニアバンク「生涯現役」HPより

「ハガキ出し運動」に新たな展開

新型コロナウイルスの感染拡大防止で外出自粛が続くなかで倉吉市小鴨シニアクラブ協議会（会長北村隆雄さん）が始めたハガキ出し運動が、新たな展開を見せ始めています。ハガキ出し運動は「ハガキを書くことは脳を活性化する、郵便ポストまで歩いて投函することは運動になる。人と人とのつながりができる」として始まりました。

２０２２年4月20日、小鴨コミュニティセンターで行われたおがもカフェ（運営は男のクラブ）では次のことが参加者のみなさんに発表されました。3月29日に小鴨シニアクラブ協議会と鳥取看護大学小石真子准教授の間で、ハガキ出し運動後の体操やウォーキング行事への参加状況、趣味・サークル活動の実施状況、生活の満足度等の調査を実施することを決めましたが、この日小石さんから住民のみなさんにアンケートが配布されました。この結果をもとに「小鴨地区版の健康手帳」が作成されます。

また、小学校の運動会等で披露される「小鴨音頭」に新たに3番が加わり、作詞を北村さんが担当、踊りは「介護予防的な動きを入れ」て鳥取短期大学の協力で制作が始まり、11月に発表されることになりました。地元コーラスグループ「ぷちカナール」が歌を、ピアノ演奏は牧原瞳さんが担当します。

ハガキ出し運動は地元郵便局も注目していますが、この日は日本郵政グループの通信文化新報の記者が東京からこられ、取材していました。「3回目の記事」と言われていました。

コロナのために生活やイベント等が制約されるなかで始まった小さな取組「ハガキ出し運動」から様々な展開が生まれ、大きな取組に成長しています。

鳥取看護大学
小石真子准教授

著者

絵手紙に挑戦、個性豊かな作品完成

鳥取県倉吉市小鴨コミュニティセンターで11月30日、小鴨シニアクラブ協議会主催の絵手紙教室がありました。講師は日本郵政株式会社中国支社の宮上和久さん、参加した12名のみなさんは初めて絵手紙に挑戦します。

宮上さんが用意した愛宕梨、柿、みかん、キウイや見本を題材に、まず絵手紙の基本を習いました。「輪郭は筆の上を指で軽く持ち脇を閉めずに不安定な状態で筆を滑らすと味わいのある線が書ける」「題材の一部を書く、全体を描かない方が良い」「ハガキを出す相手方を思い浮かべながら描く」など、一般的な絵の描き方とは全く異なります。

絵手紙体験がはじめてのみなさんは「むずかしい、上手くいかん」と口々に言っていましたが、2、3枚描くとコツが分かってきて、個性的な作品が仕上がりました。

小鴨シニアクラブ協議会会長の北村さんは「協議会でハガキ

出し運動に取り組んでいる。その一つとして是非絵手紙を出してもらいたい」と話していました。

また、ハガキ出し運動から始まった健康づくりとフレイル予防の取り組みでは、鳥取看護大学小石真子准教授が制作した「小鴨シニアクラブ健康手帳」が配られました。みなさんに役立てて欲しいですね。

絵手紙教室の様子

小鴨
シニアクラブ協議会
鳥取 倉吉

左が宮上和久さん、右が著者

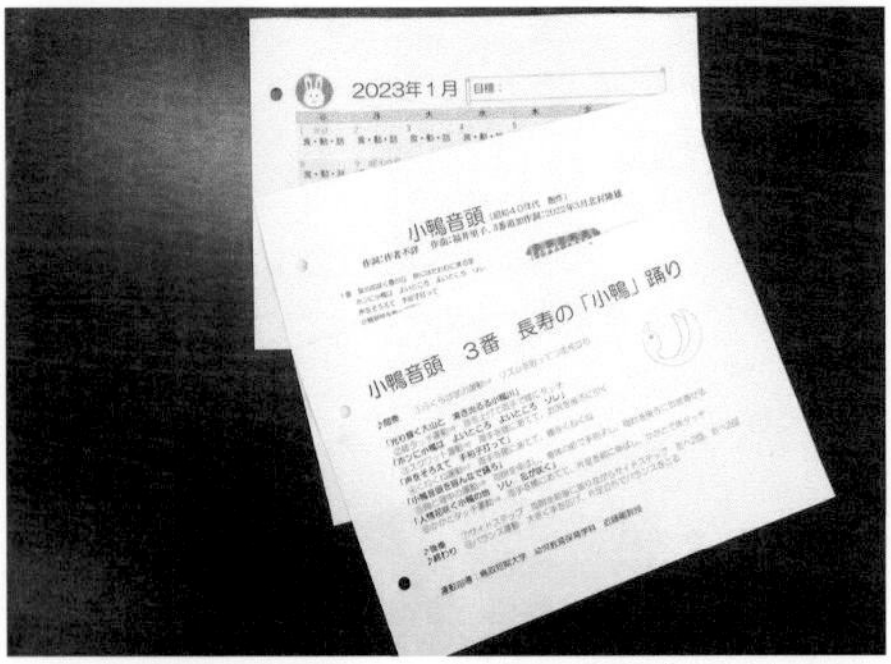
2023年1月
小鴨音頭
小鴨音頭　3番　長寿の「小鴨」踊り

小鴨シニアクラブ健康手帳（抜粋）

2022年9月にも第2回を実施しました。

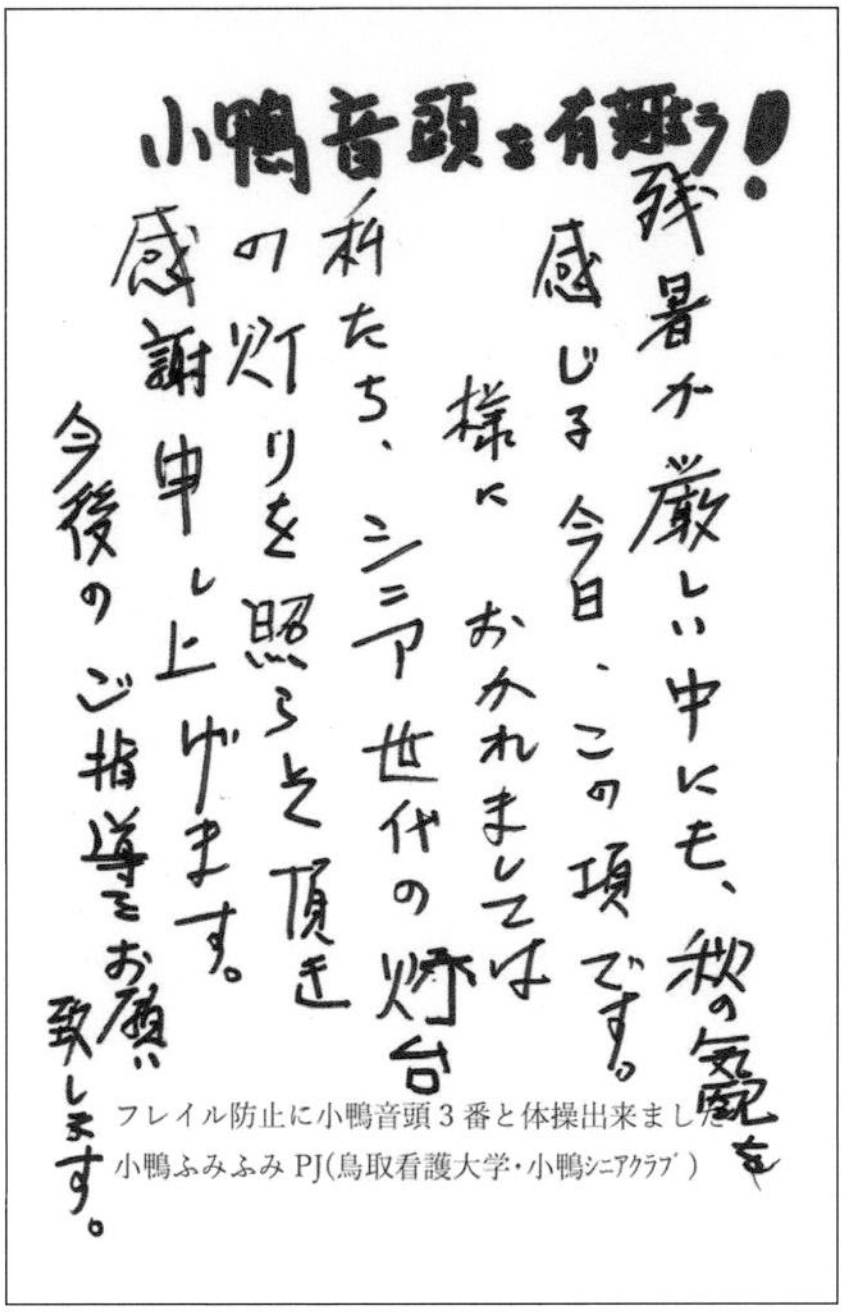

小鴨音頭を有難う!
残暑が厳しい中にも、秋の気配を
感じる今日、この頃です。
様々 おかれましては
私たち、シニア世代の灯台
の灯りを照らして頂き
感謝申し上げます。
今後のご指導をお願い致します。

フレイル防止に小鴨音頭３番と体操出来ました
小鴨ふみふみ PJ(鳥取看護大学・小鴨シニアクラブ)

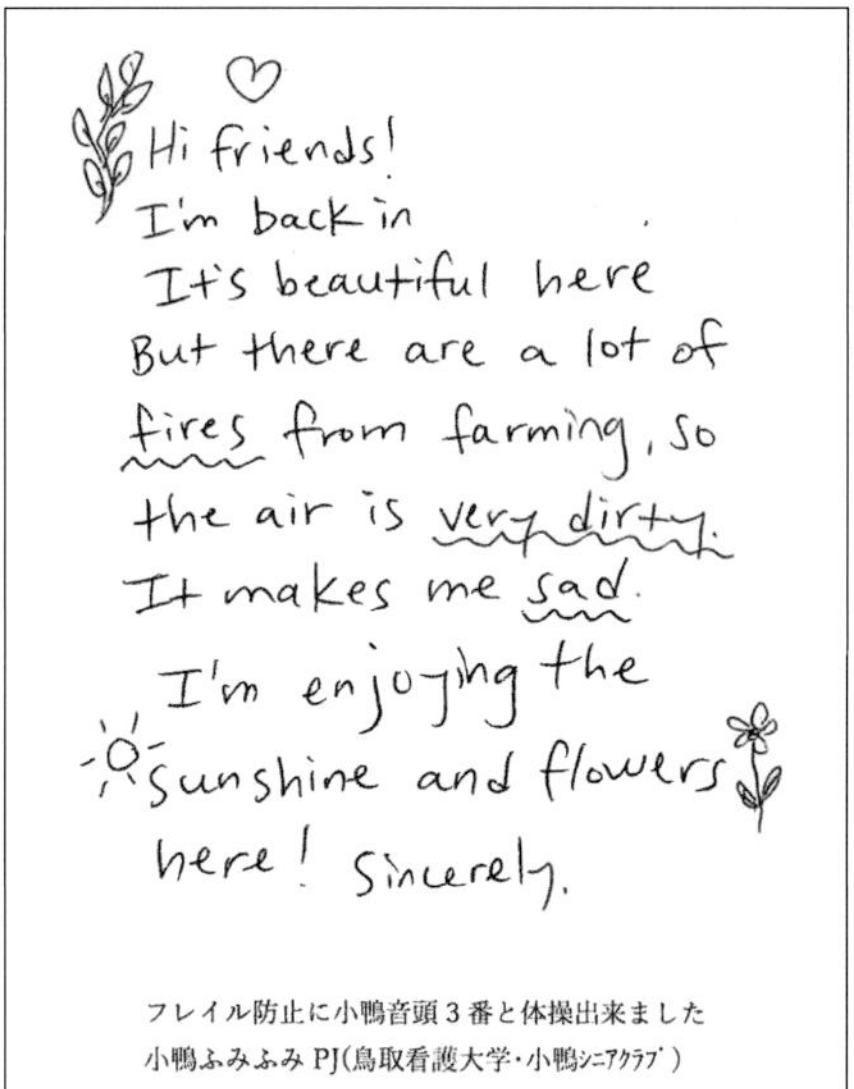

Hi friends!
I'm back in
It's beautiful here
But there are a lot of
fires from farming, so
the air is very dirty.
It makes me sad.
I'm enjoying the
sunshine and flowers
here! Sincerely.

フレイル防止に小鴨音頭３番と体操出来ました
小鴨ふみふみ PJ(鳥取看護大学・小鴨シニアクラブ)

小鴨シニアクラブ会員の皆さま

再び「ハガキ１枚出し」の協力願い！！

いつも、クラブ活動にご理解と協力いただきありがとうございます。

さて、２年半前（２０２０年４月）小鴨シニアクラブでは、新型コロナに対応するため「ハガキ出し運動」に取り組みました。会員の皆さまの協力で倉吉市内だけでなく県内外に広がりました。

あれから２年半経ちましたが、小鴨シニアクラブにおいて人々の交流やつながりの機会を保つように努力しています。今年度は鳥取看護大学と共同研究を推進し、皆さまに健康アンケートと小鴨音頭３番追加活動を行っています。

この３番追加を機会に応援・広報に協力して頂ければとお願いするものです。前回と同じく「誰に出すか」と「何を書くか」、「運動のため投函」の心と体の健康活動維持です。

通常の話題でも小鴨音頭のことでもよろしいです。

趣旨をご理解いただき皆さまの健康と社会が元気になりますよう協力お願いいたします。

２０２２年９月吉日　小鴨シニアクラブ協議会　会長　北村　隆雄

この説明、写真は「8月19日　小鴨音頭の指導」写真で、踊り・歌・大学の約40名の集合写真を掲載いたします。（ネット・8月19日いきいきシニアバンクで掲載されている写真です。）

追伸：小鴨音頭３番の発表・練習は８月１９日におこないました。
１１月２日（火）にシニアクラブ・看護大学・踊り・歌・グループで大発表会を行います。近づきましたら別途案内いたします。

※小鴨音頭３番について
小鴨音頭は小鴨小学校で作られた踊りで、小学校の運動会で踊られています。小鴨音頭は２番まであります。
小鴨音頭 3 番は、小学校の小鴨音頭にシニアクラブが、「フレイル予防」のために「シニア版の小鴨音頭」として作成したものです。

すばらしい！

第2章

小鴨地区での地域おこし活動・事例紹介

ＵＦＯチャンポン誕生まで（２０２１年１月創作）

紙芝居への思い

新型コロナウイルス収束への願いを込めて紙芝居を制作いたしました。最近のニュースや話題は同じようなものが続いています。そこでほっこり話を通じて元気とやる気を出してほしいと思いました。

内容は名物メニューのチャンポンを通じて、動物から宇宙まで注文が殺到するというファンタジーです。楽しい社会や創意工夫を感じてみんなで協力して大変な時代を乗りきろうというメッセージを込め、絵は倉吉市地域おこし協力隊の中野晴美さんが可愛らしい絵を添えてくれました。

紙芝居のサイズはソーシャルディスタンス時代なので小さな職場、介護施設、児童センターの子どもたち、そして家庭など、どこでもコピーや持ち運びできるＡ４サイズにしました。普通コピーでは用紙は薄いのですが、多くの方に広めようと厚紙・型紙に貼り付けて使用していただくようお願いしています。

芝居ストーリーで苦労したのは

①ラストのコロナさえ無くなればという結末です。過去の歴史や自然法則を考えると撲滅より、「コロナは改心して…♡」というラストを考えました。

②宇宙にチャンポン麺を届けるのですが宇宙エレベーター構想のカーボンナノチューブ技術、建設プロジェクトなど科学や未来を感じて欲しいと思います。

③ラストの紙芝居を「裏をセリフ無し」用紙にしたのは、それぞれの集まりでエンディングを考えたり交流や感想などから感動の笑いでも出ればとの思いです。

セリフは小さな子ども、小学生、若い人、シニア世代の方が共感できるよう方言や分かりやすい言葉に変えて読んでください。

また、新たな視点で絵を見てセリフ変えたり、新たなストーリーで演じたりして欲しいと思います。ともかく、この紙芝居をきっかけに、何かをやってみよう。行動してみよう。今出来ること、親しい人のこと、社会や楽しいアイデアを考えることなどに繋がればと思います。

2021年1月20日　作：北村隆雄　絵：中野晴美
UFOチャンポン
コロナに負けるな エイ・エイ・オー ファンタジー編

コロナに負けるなエィエィオ〜・
ファンタジー編（紙芝居）
ＵＦＯチャンポン
２０２１年１月20日
作・北村隆雄
絵・中野晴美

さあ、みなさん。
このごろチョッと笑いが欲しいですよね。
そこで元気の出るホッコリ話を作りました。
「おいしいチャンポン」と「ＵＦＯ」「宇宙人」が出てきます。
お楽しみに！

—・—ぬきながら—・—

始まり、始まり、ＵＦＯチャンポ〜ン

1

当店名物
ちゃんぽん

ある所に「おじいちゃん」「おばあちゃん」食堂がありました。
この店は村の食堂で名物メニューは「チャンポン」です。
…このチャンポンは地元新鮮野菜やお肉でお客さまに人気です。

—・—ひきぬく—・—

ところが「ある日」……

2

お客さんがサッパリ来なくなりました。
そうだ！　こういう時は「テイクアウト」か…
しかし〜
急に始めたもんだから、だれも来ません、知りません。
…そんなら「ばあちゃんメガホン」「じいちゃん声かけ軽トラ」
…そしたら、注文ジャンジャン。出前ドンドン。

—・—　ぬきながら　—・—

この、出前が「おいしい」と

3

動物園の動物たちも「あの、チャンポン食べたいよぉ〜」
牧場のヤギさんやパンダさんも「あの有名なチャンポンほしい〜」……
今や、世界中に大人気です。

—・—　ぬきながら　—・—

それを空の上から見ていた宇宙人

4

僕も食べたい。出前たのめる？
…エエッ宇宙出前。
麺やカップはどうしよう。どうやって持って行こう…届けよう。
チャワンは重いからな〜ぁ。そうだ！
プラスチック円盤型。円盤で、返してもらわなくてもいいよ…。

—・—ぬきながら—・—

で。麺は、麺はどう、とどけるの？

5

そうだ！　麺は竹にクルクル巻いて「回転」、おお、上がって行く、行け宇宙。
「おばあちゃん」はカップをヒューン。
…宇宙人たちはチャンポンがおいしいと、銀河系から、アンドロメダ星雲まで広がってゆきました。

—・—ぬきながら—・—

このたべたあとのUFOカップかっこいいなあ。
でも、リサイクルで〜

6

カップ返すよ。

…ということでUFOが時々来るのはカップを返すのと、チャンポンのお礼に地球に来るそうです。

―・―ひきながら―・―

このチャンポンパワーのおかげで～

7

人間、動物たち、宇宙人、などなどみんなで工夫して「大変な時代」をのりきっています。

…コロナさんも心を改めて、みんなで協力して楽しい地球や宇宙になりますように～♡

おしまい。

（ラストにつづく）

みんなで話し合おう

8

おしまい

ラストは
話の感想などを話し合いましょう。
「みんなのセリフ」です。

9

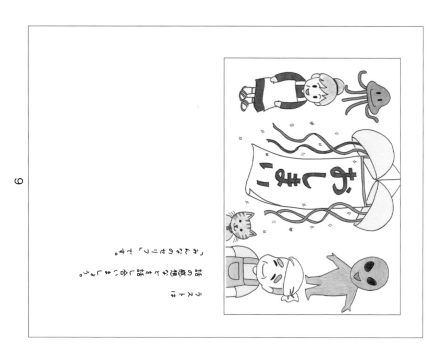

チャンポンおじさん

コロナが収束に向かい日常活動が「通常」へと向かっています。１００年に一度のこの「パンデミック」を次の時代の参考にするため残す（医学的・社会的記録）必要があると思います。と、思ってみても小鴨シニアクラブでは「喉元過ぎれば〜」のごとく『もう、コロナの話はしないで〜、忘れたい』と、今までどおりの日帰り研修旅行・面白お笑いセミナーを望まれています。……しかたない、もう忘れよう。通常へと頭を切り替えていこうと思っていたその時。……ジャジャジャジャーン2月22日。小鴨小学校近くを歩いていたら、今度6年生の2人から親しみを込めて「チャンポンおじさんですか？」と声を聞かれました。……もちろん喜んで「ハイハイ、私　チャンポンおじさん」と答えました。

これはコロナに苦しんでいた約2年前、社会に光を・希望を・届けるべく「ハガキ出し運動」を提案いたしました。これはシニア会員やシニア世代に支持され広がりました。……しかし、子どもたちには「ハガキの経験」が無く、ハガキを書いてくれと言っても伝わらず広がりませんでした。

そこで、何か楽しいお話をして元気になってもらおうとファンタジー話「ＵＦＯチャンポン」を考え紙芝居にして小学校公演に出向きました。

話のあらすじは、お客さんがさっぱり来なくなったまちのラーメン屋さんがテークアウトやデリバリーを始め、苦境を乗り越えます。名物のチャンポンはヒトだけでなく動物も巻き込んで世界中ではやり、宇宙からも注文が入るようになるというファンタジーです。この紙芝居のなかでは、ヒトも動物も宇宙人も垣根はありません。みんながチャンポンを好きになるのです。「コロナをやっつけてしまえ」と排除するのではなく、だれもが交流を持ちながら、動物も宇宙人もウイルスも共存していこうと訴えています。

小学校の大羽省吾校長に提案したところ「地域の大人が地域を明るくしようとする姿を子どもたちに伝えたい」と紙芝居の時間を設けることとなりました。4年生たちは初めて見る紙芝居に興味津々で、「おもしろかった、コロナウイルスに負けないよう手洗い、うがいをがんばりたい」と話し、同級生で紙芝居を読み合い。お家に帰って保護者にも元気を与えようと話が広がってゆきました。

特に芝居ストーリのなかで宇宙まで届く竹に麺を巻き付けて宇宙人へ麺を届けるシーンが出てきますが、これは大林組が開発を進めている宇宙へ行き来できるエレベーター構想をヒントにいたしました。「コロナに振り回されて目先のことだけ見て落ち込むより、明るく楽しい明日のことを考えなければ」と、資源の無い国、貿易立国（日本）の『未来は子どもたち』と夢を伝えました。

このようにシニア世代も苦境を乗り越えてきたと同時に子どもたちも苦しい2年を乗り越えてきた同志のように、「チャンポンおじさん」と呼ばれたことに「なぜか。涙」が出ました。……コロナエピソードです。

UFOチャンポン百万個

歌唱楽譜

作曲：佐々木道也
作詞；北村　隆雄

楽しく
C6
2
1.ね ぇ ね ぇ
2.ね ぇ ね ぇ
Em Em Am Dm7
た べ た い た べ た い た べ た い た べ た い よ
お し え て お し え て U___ FO の レ シ ー ピ を
G7 Am Em Am Am Em
ー な に が た べ たい な に が た べ たい！
ー もや し と に ん じん もや し と に ん じん
Am Dm Em F G7
な に が た べ た い の ー？
ね ぎ も ど っ さ り と ー
Dm Am Dm Am Dm Am Em
U FO ー チャ ン ポン U FO ー チャ ン ポン U FO ー チャ ン ポン が
U FO ー チャ ン ポン U FO ー チャ ン ポン チャン ポ ン ら し さ は
Dm7 C7 F E7
た べ た い よ ー
ど う だ す の ー
Am Em Am Em Dm G7 Dm Em Dm7 Em
どうしてどうしてどうしてどうして U ー FO ー チャ ン ポン そ ん な に
どうしてどうしてどうしてどうすりゃ U ー Fo ー チャ ン ポン あ ん な に
Dm D7 Dm7 G7
た べ た い の か ー
う ま い の か ー
F Am Dm7 Dm7 Em
や さ い が し ん せ ん で う ま い か
ひ み つ の ス ー ー プ は ゴ マ の あ
F Em Am Dm7 G
ら そ う だ ね そ う だ ね だ い さ ん せい み ん
じ で き た よ で き た よ ひゃ く ま ん こ み ん
C C Am F G G7
な で つ く ろ う U FO チャ ン ー
な で つ く ろ う U FO チャ ン ー
C
4
ポン
ポン

コラム

郷土の偉人

近代稲作の父「中井太一郎」

幕末から明治にかけて農業改良に一生を捧げ水田中耕除草機（太一車）の発明者として、その名を轟かせた「中井太一郎」。太一郎は1830（江戸末期：天保元）年に久米郡小鴨村中河原（現在の倉吉市中河原）の大庄屋の家に生まれました。

太一郎の功績は、田んぼの収穫量の増加と除草作業の効率化を図った「正条植え」と「田植え定規」の考案です。

さらに世界的発明として回転式除草機（太一車）の特許を取得し、腰をかがめた「雑草とり」の重労働から解放し農作業の効率化を図ったことです。

この「太一車」は除草剤が使われ始める昭和30年代まで盛んに使われました。

現在では無農薬・減農薬に使用され日本の中でも生産販売が続けられています。また、アジア、アフリカ、南米で稲作生産に生産使用されています。

小鴨地区では振興協議会の中で「太一車研究委員会」を２０１７年に立ち上げて、寸劇や歌などを創作し顕彰活動を展開しております。

顕彰活動の本は２０２０年９月に出版し、全国の方に読まれています。

太一車と農業の未来

歌は世につれ歌につれ。……２０２２年３月に発表した神奈川大学日本常民文化研究所が発行する、日本で最も歴史のある月刊誌：民具マンスリーに『特許から見る鳥取倉吉の「千歯」から「太一車」産業への変遷』が掲載されました。民俗学に関連する学芸員と歴史好きな方より、「よくぞ明治という時代の特許」を調べたものだと評価をいただきました。特許は明治18年より公平な基準で審査され、何を、どのように技術的考案をしたかを発明者が文章や図面で申請い

民具マンスリー

第54巻12号

2022. 3

◎家庭への電灯の普及について……………野々村明佳里（1）

【民具短信】

企画展「布　うつくしき日本の手仕事」を終えて……………刈田　均（14）

特許から見る鳥取倉吉の「千歯」から「太一車」産業への変遷……………北村隆雄（19）

第54巻総目次……………（22）

日本常民文化研究所 2021年度活動報告より……………（24）

神奈川大学日本常民文化研究所

たします。それを特許審査官が審査し新規性がある物を公報で国民に知らされることになります。

ここで、民俗学学芸員の方々の調査・分析資料は（大別して）「文系・理系」に分類されます。現在の収集・分析資料は圧倒的に理系・特許が少ない状況です。ならば私は「特許」で歴史を分析してみようと思い立ちました。……読まれた感想は面白い。（今まで、ほとんど見たことない。斬新。明治の産業視点が良いとの感想でした。……ここで残念情報。それなら、（ローカル）新聞社に持ち込みましたが、「読者の関心ごとではない」と〝没情報〟となりました。

それが、その3か月経った「今」となってウクライナ侵攻で農薬が足らない。納期が分からん。円安等々で価格高騰。……この話題：中耕除草機の「太一車」テーマ。手作業人力で草取り・除草、田んぼの土壌攪拌で「農薬不要」ええ〜じゃないか。「太一車」。どんな使い方、どこで作って、どこで売って、どんな論文か、これから先の農業は、と注目され始めました。

①製造メーカーは（近くなら）米子市の会社・太昭農工機。販売はホームセンター・ＪＡならほとんどと回答しています。

②農政局から情報提供いただきました。「みどりの食料システム戦略」を策定し、2050年までに目指す姿として「CO_2ゼロミッション化の実現、低リスク農薬への転換、輸入原料や化石燃料を原料とした化学肥料の使用量を30%低減、有機農業の取組面積の割合を25%に拡大」等の連絡あり。……それで県内高校で「太一車」除草実習があるが「あんた！ 講演に行ってみないか」とのお勧め情報。

③民具マンスリー。改めて読んだが「古きを温ねて新しきを知る」と明治の激動期の面白さあり。ということで再読されています。

これは、地域の将来も見据えた持続可能な食糧システムの構築の拡大と国際情勢への対応力を考えると、今の時代こそ「太一車」の出番ではないかと思えてきます。

雲のシッポ（2022年9月創作）

コミュニティセンターで月に1回開催のカフェで楽しい企画を10年続けています。ところが講師の方を呼んだ「カフェ企画」にコロナの関係で突然6日前にキャンセルなさいました。このキャンセルをどうにかしようかと自分なりに考えた時。カフェの会場で極力声を出さない「3曲」限定ディスクジョッキー（状態）カフェです。この3曲の選定ですが、やはり皆さんにおしゃれな「カフェに合う曲」だなって言っていただくのを選ばなければなりません。みんなが聞きたい曲「3曲」です。選曲基準では古い歌・地元の歌・新しい歌という考え方でした。

まずは世界の歌ですけどシベリウスの「フィンランディア」。この曲は私が10年前にコーラスグループに入っていて歌いました。とても綺麗な良い曲と同時に作曲の意味と合唱され続けていることを紹介いたしました。……さて、このクラシック曲をカフェで聴くには課題があります。それはクラシック好きならともかく3分~4分が目安です。実時間は10分かかるので諦めそうになっていま す。ならば途中で止めて、いわばサビ合唱部分だけで聞いてもらうかと考えましたが、それも不自然と諦めて他の曲にしようかと考えています。

次に地元の歌は米子・松江の出身のOfficial髭ダンディズムで紅白歌合戦に出場されたグループです。この「ハロー」という曲を流すようにいたしましたが、集まるシニア世代が卒倒するかも？知れないので諦めかかっています。

最後にもう一曲。季節は夏の終わりという視点から爽やかにノスタルジー感覚の井上陽水作詞・玉置浩二作曲「夏の終りのハーモニー」という曲を選ぼうと思います。ところが、年配の○○さんが演歌がいい。民謡も入れて欲しいと駄々をこねてきます。あぁ、難しい。いっそ手品か、お笑いか。「秋深し隣は何をする人ぞ」の心境であります。

世の中に明るい行動を！　と思案していた時、グッドアイデアなるイメージが沸きました。先日、高級パンを頂きました。パンの包装箱が富士山のような「段ボール、山形」。食べた後に箱を捨てるのがもったいない。……その箱を〝分解したり〟組み立てたり、そして打楽器のようにポン・ポンとたたいて叩いてストレス解消♪しています。このポン・ポンおもちゃから感じた♪歌詞を作ってみました。環境リサイクル、包装箱兼、音楽・組立、知的おもちゃとして有望です。

雲のシッポ

2022年9月1日
作詞 北村 隆雄
作曲 山中 明美

Am Em Am Dm C E7
① た ま て ば こ ば こ た ま て ば こ お や ま の か た ち の た ま て ば こ
③ モ ク モ ク く も に か っ た ら ね は ー こ の ヒ ミ ツ を お し え ま す
Am Em Dm C7 Am
な ー に が はいっ て る は いっ て る の モ ク モ ク く も が は いっ て る の
そ れ な らジャン ケ ン ジャ ン ケ ン ポン グ ー チョ キ パ ー と だ し て た ら
C Am C Am Em
そ れ は だ れ に も わ か ら な い
く も は ど こ か に い っ ちゃ っ た
Dm Am Dm Am Am Em Am
ひゃ く ね ん ま え か ら わ か り ま せん ひゃ く ね ん ま え か ら ヒ ミ ツ で す
ど ー こ に い っ た か わ か り ま せん そ ー れ は だ れ に も わ か り ま せん
Am Em Am Am Em Am
② お し え て お し え て た ま て ば こ お や ま の て っ ぺ ん た た い た ら
④ ひゃ く ね ん ま え か ら た ま て ば こ ひゃ く ね ん ま え か ら ひ み つ ば こ
Am Em Am C Am
は ー こ が ポ コ ポ コ お ど り だ し く も の し っ ぽ が で て き た よ
お や ま の か た ち の た ま て ば こ こん ど は コ ソ コ ソ た た い た ら
C Am C Am Em
グー ン グン お そ ら に ひ ろ が っ て
またー ま た し っ ぽ が で て き て ね
Am Em Am Dm Em Am
モ ク モ ク く ー も が お ど り だ す お そ ら の く ー も と ジャン ケ ン よ
モ ク モ ク お そ ら に に げ ちゃ っ た きょ ー う は つ か れ た も う ね ま しょ

創作曲「雲のシッポ」お披露目

9月21日、鳥取県倉吉市小鴨コミュニティセンターでおがもカフェがありました。毎月開催するおがもカフェには地域の人たちが集まり、男のクラブが振る舞うコーヒーを味わいながら楽しいひとときを過ごしました。

まず、明倫・小鴨地域包括支援センター丸本清華さんと倉吉市長寿社会課山根千歩さんによりフレイル予防体操をみなさんで行い、適切な水分補給についてお話がありました。

次に、創作曲「雲のシッポ」の披露。小鴨シニアクラブ協議会会長の北村隆雄さんが作詞、作曲は山中明美さんです。山中さんもメンバーの地元コーラスグループ「ぷちカナール」のみなさんの歌での初お目見え

非常階段

ぷちカナールのみなさん

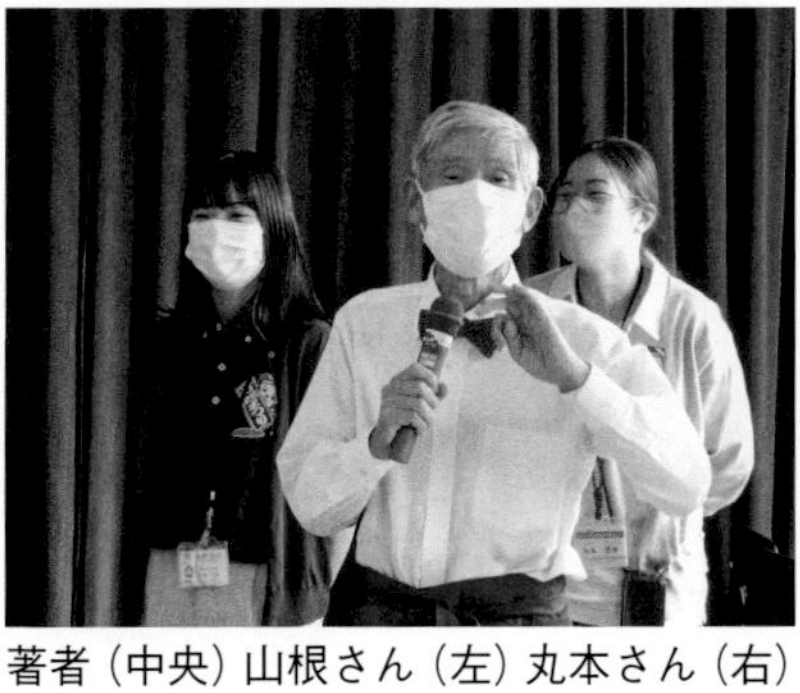

著者（中央）山根さん（左）丸本さん（右）

です。

その歌詞は童話の世界「お山の形をした玉手箱からモクモクと雲のシッポが踊り出し、箱の秘密を知りたければ、ジャンケンをしましょう。でも雲のシッポはお空に逃げてしまい秘密は分からないまま」と、子どもの好奇心と夢にあふれる内容です。

作曲を頼まれた山中さんは「わらべ歌っぽいやさしい歌詞で、いつのまにか曲ができていた」と言います。北村さんは「2年半ほど前に始めたハガキ出し運動は他県でも取り組むことが出てきた。『雲のシッポ』のように広まってほしい。この歌も広まってくれたらいいですね」と話していました。

小鴨音頭を
みんなで
踊ろう♪♪

フレイル予防体操の様子

男のクラブ
男のクラブのみなさん

第3章

鳥取看護大学との連携

ハガキと大学連携

コロナ禍の中、2年前より「ハガキ出し運動」を発案し会員交流・住民交流をはかろうとしています。この活動は、発売した本の「コロナに負けない新時代　ハガキ出し運動爆走中」です。……おかげさまでハガキと健康・地域の活性化等に関心を寄せられ多くの方に読まれております。

さて、この運動に興味を持たれたのが鳥取看護大学です。健康では自粛のフレイル防止・仲間づくりでの地域の関わりを重視し、地域の社会教育・発展が可能ではないかと着目されました。大学の審査委員会の審査承認を得て3月29日に共同研究を締結し活動を始めました。

活動は大きく分けて2つのテーマがあります。①会員に『アンケート』実施いたします。どのような「ハガキ」を出しましたか。返事はありましたか。等……それらの内容から今後どのような「健康ニーズ」が有り、今後のフレイル防止や介護予防を支援するものです。5月末にアンケートを回収し、今後の健康に活かす研究です。
②次に、地元の昭和40年代の伝承踊り・歌『小鴨音頭』があります。これを基本として介護予防の運動とともに地域の活性化を目ざします。まずは大学の先生方が音頭の音楽性・体操性・効果などを確認です。
Ⓐ従来より小鴨音頭は1～2番があり、地域で踊り続けられています。この踊りの身体運動は健

康に一定の効果がありますが、1～2番では運動部位が限定されます。そこで3番を作詞追加すれば全身の健康効果が生まれる「新・小鴨音頭」へのリニューアルを行います。Ⓑ歌は口頭伝承なので楽譜がありません。この機会に採譜・楽譜化し書面配布やネット発信をおこないます。これらは大学の先生に創作・作成をお願いし協力をお願いしています。

③実施段階で9月～10月、会員や地域有志も『普及ボランティア』結成。先生にアドバイスいただきながら伝授。応援の地域「小鴨ロゴキャラ　カモ」があるので、Ⓐ音楽隊は黄色のTシャツ、踊り隊は黄緑シャツにしました。11月シニアクラブ会員を集め披露。その後、地域デビューしようと思います。

④地元PRキャラのカモがありますが、名前（ネーミング）が無く、この機会にネーミング募集と普及ボランティアの着用で『地元愛キャラ』を盛上げようと思います。

ハガキ出し運動からフレイル予防に

鳥取県倉吉市小鴨コミュニティセンターで10月19日、おがもカフェがありました。

昭和40年代から小鴨小学校の運動会等で踊り継がれている「小鴨音頭」に、新しく3番の歌詞と踊りが完成し、その発表会が11月2日、倉吉市さんさんプラザで開催されます。

きっかけとなったのは新型コロナ感染症により希薄になった知人・友人とのつながりや、運動不足の解消にむけ「ハガキ出し運動」が始まったことです。この運動をきっかけに鳥取看護大学と鳥取短期大学の協力によりフレイル予防に効果のある運動を振付に取り入れた小鴨音頭の3番が完成しました。歌詞は北村代表作です。

19日は11月2日のプレイベントとして、発表会を盛り上げる和太鼓の披露、踊りのグループや有志による輪踊りの披露、コーラスグループ等による3番の披露等々の練習成果の発表がありました。ハガキ出し運動応援歌「雲のシッポ」も登場しました。

また、一般社団法人 生命保険協会鳥取県協会 事務局長 板垣和男さんから小鴨シニアクラブ協議会に、この取組に対して音頭の記録用と普及活動に支援することも報告されました。

OGAMO
板垣さん（左）、著者（右）

●とっとりいきいきシニアバンク「生涯現役」HPより

伝統の小鴨音頭3番でフレイル予防

鳥取県倉吉市小鴨地区で昭和40年代から歌い踊り継がれている「小鴨音頭」に、新しい歌詞と踊りの3番が加わり、発表会（主催：小鴨シニアクラブ協議会、鳥取看護大学、鳥取短期大学）が11月2日、倉吉市生田のさんさんプラザ倉吉でありました。

コロナウイルス感染症により希薄になった知人・友人とのつながりや、運動不足の解消に向け「ハガキ出し運動」を始めたことがきっかけです。

運動不足の解消からフレイル予防に発展し、鳥取看護大学小石真子准教授が地域限定版「小鴨シニアクラブ健康手帳」の製作を進め、完成しました。

3番の歌詞は小鴨シニアクラブ協議会会長の北村隆雄さんが作詞、振付は鳥取短期大学近藤剛教授が考案、音楽担当は同短大助教山川智馨さんです。

この日は、地元小鴨のコーラスグループと踊りのグループが来場者の前で披露しました。

近藤さんは「10歳若返る」振付を健康体操として考案し、スクワット、かかとタッチ、サイドステップ、バランス運動等8種類の運動でフレイル予防効果ばっちりです。

適度な運動と変化のある構成で楽しく運動でき、来場者も交えて踊る楽しい発表会になりました。倉吉市役所の支援もあり地域の力で出来上がった「小鴨音頭３番」が地域の宝として長く踊り継がれるといいですね。

小鴨音頭３番完成発表会の参加者
アンケート結果

アンケート回答者　77名

1．本日の催しは、楽しかったですか？
「はい」74人　「どちらでもない」３人

2．小鴨音頭の３番の体操は
だいたいできましたか？
「はい」63人　「いいえ」７人
「どちらでもない」６人

3．今後、小鴨音頭の３番の体操を
公民館や自宅などで行いたいですか？
「はい」66人　「いいえ」２人
「どちらでもない」７人

左から著者、小石さん、山川さん、近藤さん

鳥取看護大学
鳥取短期大学

「小鴨音頭」体操も紹介

鳥取看護大「健康手帳」を製作

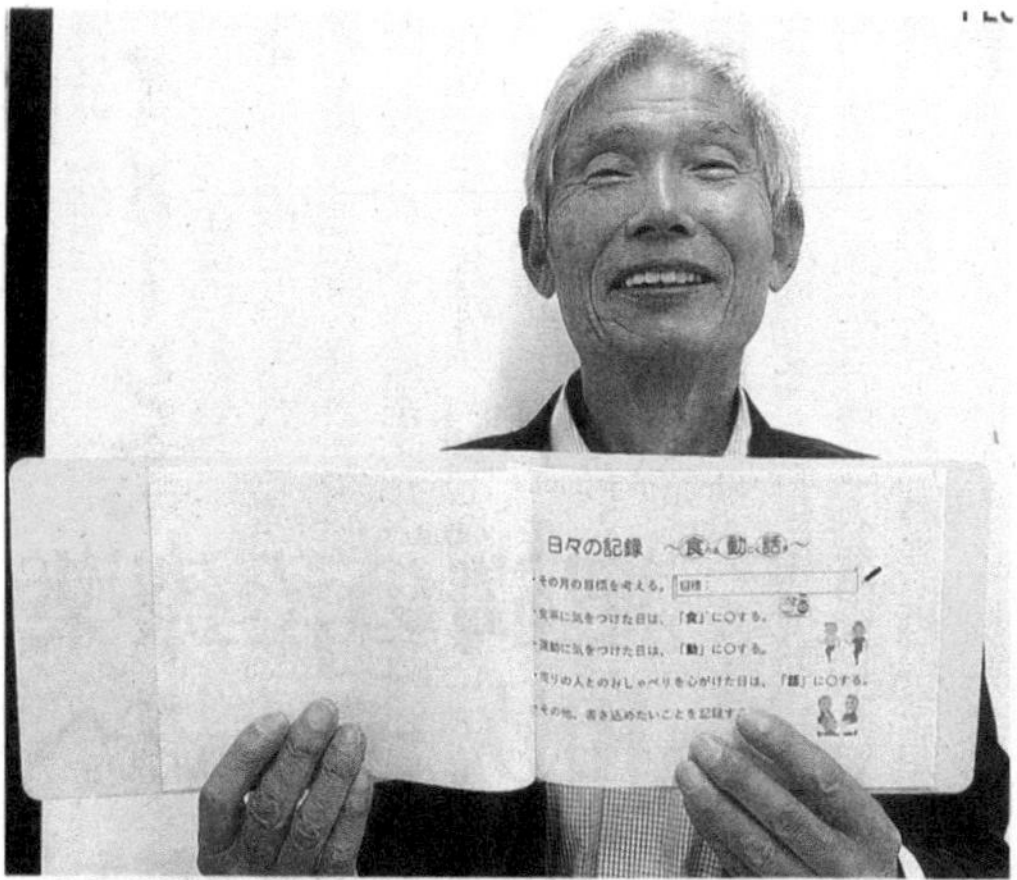
日々の記録
日々の活動が記録できる小鴨シニアクラブ健康手帳＝倉吉市内

鳥取看護大（倉吉市）は、日々の運動や食事などを記入する「小鴨シニアクラブ健康手帳」を製作した。小鴨シニアクラブ協議会（北村隆雄会長）が取り組む健康づくりの活動に着目し、同クラブが作成した小鴨音頭3番の歌詞に合わせた体操のやり方なども掲載。北村会長は「手帳を活用してお年寄りの健康づくりに役立てたい」と喜んでいる。

同クラブの健康づくりを調査・研究する同大の小石真子准教授が、クラブや倉吉市の関係者らと内容を協議し製作。会員180人に配布した。

同クラブは、地域で広く踊られている「小鴨音頭」に、新たに3番の歌詞を作詞して、鳥取短期大（同市）の教授に介護予防の動きを加えた振り付けを考えてもらって踊るなど健康長寿のための活動を展開。手帳には、小鴨音頭の歌詞と踊りのポイントなどを盛り込んだほか、食事や運動に気を配ったか、周囲の人とおしゃべりができたかなどを毎日カレンダーに記録できるようにした。利用している人からは「毎日、区切りがついて良い」と好評という。

また、小鴨地区の歴史や小鴨コミュニティセンターで開かれる同好会などを紹介、緊急連絡先などを記入できるページも設けた。

A4判、24ページ。サンプルは同センターにある。

（加嶋祥代）

2023年２月８日　日本海新聞

大学・市役所との連携紹介

地域研究活動の経過

鳥取看護大学　小石　真子　准教授

- ●「ハガキ出し運動」と「小鴨音頭」に着目
- ●「ハガキ出し運動」の効果検証と音頭による健康づくりの取り組みを実施
- ●健康づくりなど役立つ情報満載の「ご当地手帳」の作成

「ハガキ出し運動」とは・・・

新型コロナウイルスの感染拡大防止のため外出自粛が始まった頃、小鴨シニアクラブ協議会は、知人や友人、遠く離れた家族や孫とのつながりを深め、歩いてポストに投函すれば運動不足の解消になるという思いから、「ハガキ出し運動」を開始。

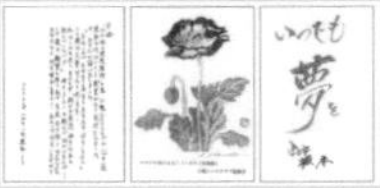

いつも
夢

この取り組みは他地域でも注目され、県内では若桜町で同様の取り組みが行われたり、マスコミにも取り上げられた。

「小鴨音頭」について

小鴨地区で昭和40年代から歌い踊り、受け継がれているご当地音頭であり、小学校の運動会では毎年踊られる等、地元住民には馴染み深い音頭。

【今回】

・「小鴨音頭」に３番を追加

・フレイル予防の要素を入れた新たな振り付けを制作

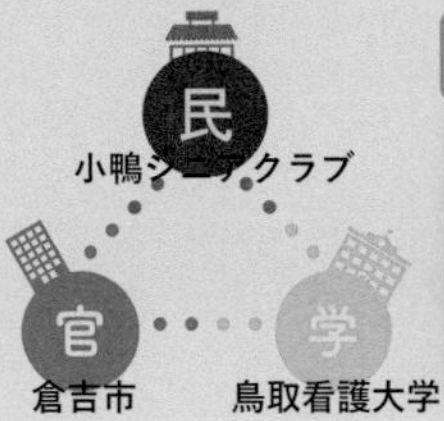

民
小鴨シニアクラブ
官
倉吉市
学
鳥取看護大学

連携して実施！！

小鴨
シニアクラブ協

3/29の協定締結の様子

活動記録（抜粋）

小石准教授の調査の結果、小鴨地区の高齢者の生活自立の実態や生活満足度は、全国平均よりも高いことが明らかになった

令和４年４月～	研究開始
５月	シニアクラブ会員を対象にアンケート実施（92人回答）
８月	アンケート結果の中間報告
〃	「小鴨音頭」３番の作詞・新しい振り付けづくりを短大と協力して実施
９月～	近藤剛教授・山川智馨助教による新しい踊りと歌の指導
	歌＆踊りグループの練習
11月	発表会（さんさんプラザ）
〃	小鴨健康手帳の作成、配布

小鴨シニアクラブ健康手帳
氏名：

今後は・・・

- ●地域イベントでの新小鴨音頭の周知
- ●健康に関する効果を引き続き検証
- ●健康手帳の更新
- ●取り組みをメディア露出して、全国への波及を目指す！

鳥取看護大学・鳥取短期大学・倉吉市と連携して研究活動を紹介する資料（著者作成）

『研究論文』

題：小鴨シニアクラブ会員のハガキ出し運動から健康づくりへの取り組み支援

報告：2023年５月17日
鳥取看護大学　准教授　小石真子

2-1　小鴨シニアクラブ会員のハガキ出し運動に関連した活動と生活満足度について

はじめに

新型コロナ感染症が流行する以前、小鴨シニアクラブ協議会は小鴨公民館で研修会やサロン活動、また、バス旅行やレクリエーションによる交流を図っていた。しかし、2020年４月のシニアクラブ協議会の総会はコロナ禍で会員全員の参加ができなかったことから、人とのつながりの手段として､「ハガキ出し運動」を始めた。近隣・友人や親せき、コミュニティセンター宛などに絵や写真も加え､「新型コロナと闘っている状況」や「季節の便り」が書かれていた。しかし、全体的な会員の状況を把握することはできなかった。

そこで、シニアクラブ会員のハガキ出し運動の参加状況と高齢者の活動的な生活自立、健康活動等の参加状況、全体的生活満足度を調査することで今後の健康づくりや介護予防活動に役立てることを目的とした。

2022年４月定例会においてアンケート用紙を配布し、郵送により５月末の回収とした。

結果

対象者170人中92人の回答（回答率54.1%）、性別は男性32人、女性58人であった。平均年齢77.7±6.8歳、60歳代12人、70歳代40人、80歳代以降39人であった。

ハガキ出し運動参加は、参加43人（46.7%）、不参加49人であった。

家族構成は独居の単身世帯が15人（16.3%）、配偶者ありの世帯は64人（69.6%）であった。

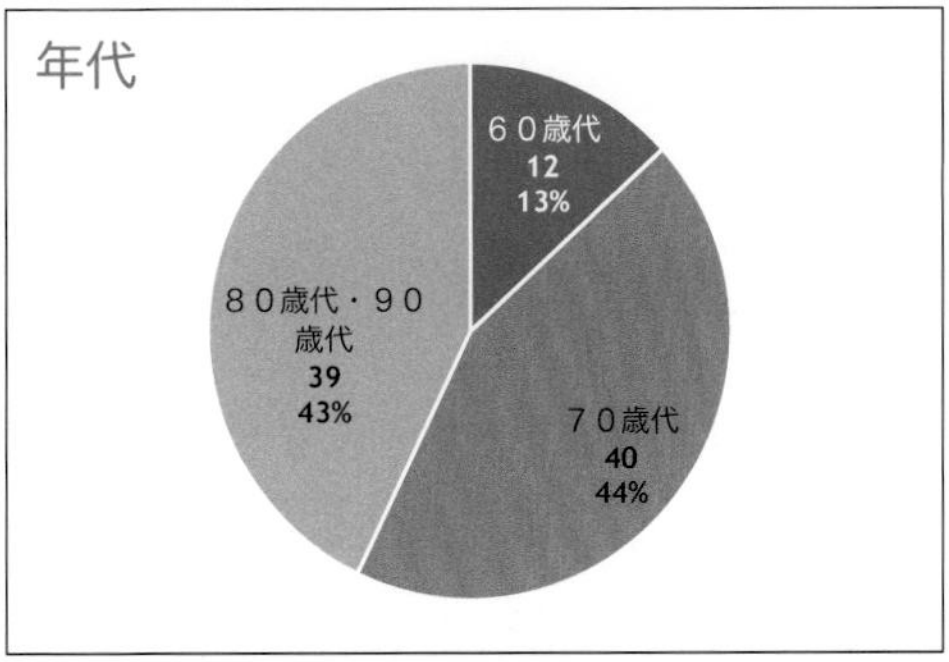

年代
６０歳代
12
13%
７０歳代
40
44%
８０歳代・９０歳代
39
43%

１）ハガキ出し運動

①ハガキの宛先は、「友人」25人ともっとも多く、ついで「家族」20人であった。

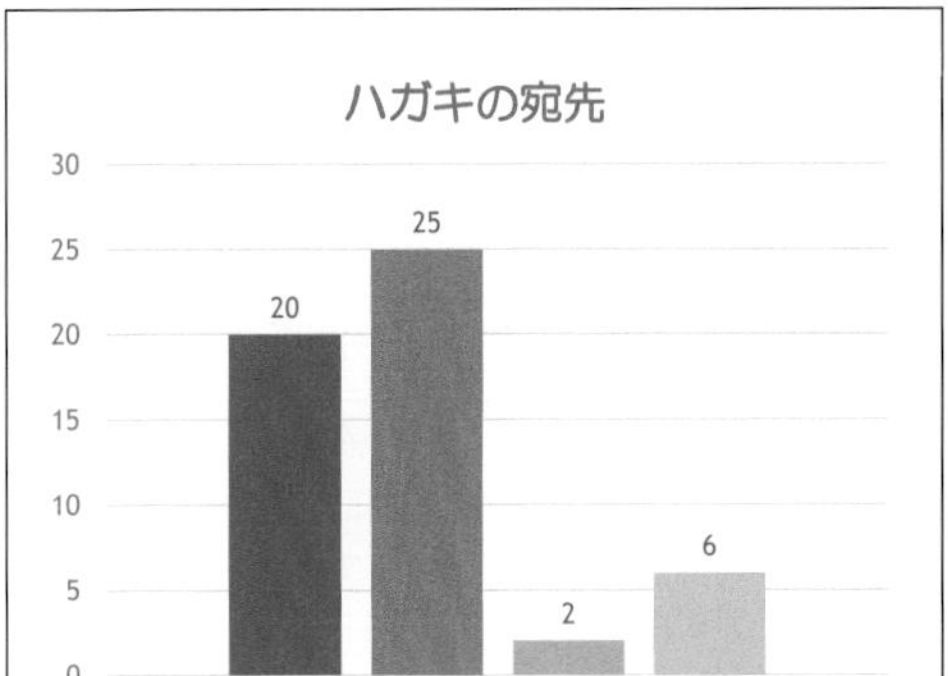

ハガキの宛先
30
25
20
15
10
5
0
20
25
2
6
家族
友人
公民館
その他

②ハガキの返事は「出した」が27人であった。また、返事の手段は「電話」がもっとも多く18人、ついで「ハガキ」が６人であった。

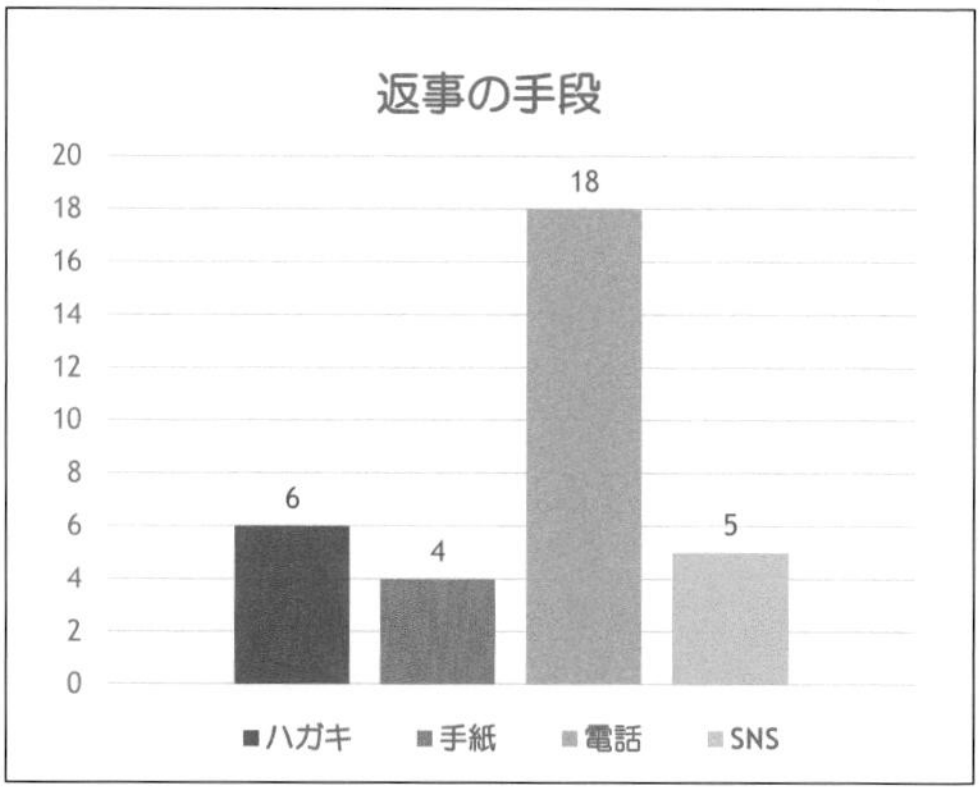
返事の手段
20
18
16
14
12
10
8
6
4
2
0
6
4
18
5
ハガキ
手紙
電話
SNS

③ハガキ出し運動の継続について、参加者は「継続」19人､「どちらでもない」17人、不参加者は「継続」３人､「どちらでもない」12人､「継続しない」はどちらも３人であった。

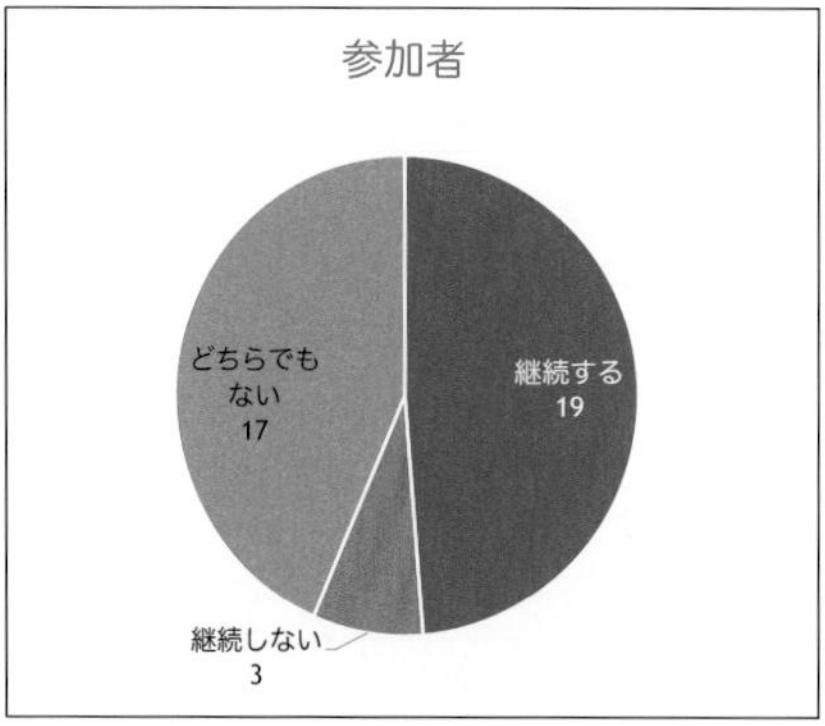
参加者
継続する
19
どちらでも
ない
17
継続しない
3

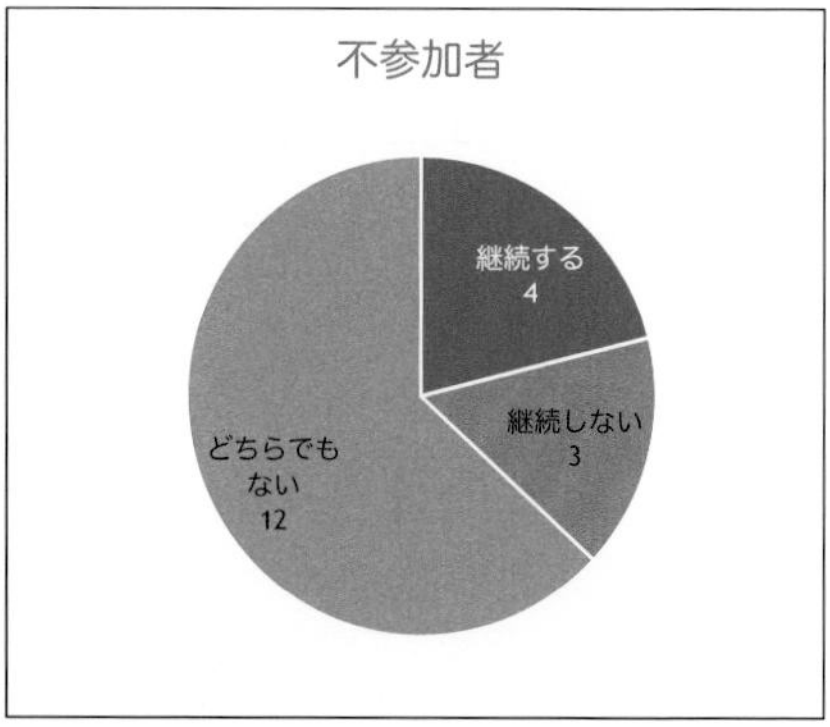
不参加者
継続する
4
継続しない
3
どちらでも
ない
12

④ハガキ出し運動に関する自由記載

参加者と不参加者ともハガキを出すことの得手・不得手を記述していた。

ハガキ出し運動に関する自由意見
参加者

自分のためにも、相手のためにも良い活動
書くことが少なくなって、文字を忘れる。良いことだと思う
外出制限時の良い思い付き
大変良い思い付き
良い取り組み
娘や孫と普段の様子を手紙や電話で報告しあう
人間関係のツールとして有効
安否確認誰ため続けてほしい
少しの文面で出しやすい。ハガキ３枚予備。電話は長話になるので、ハガキを出す。
ハガキを書くことで頭を使い、文字もきれいに認知症予防になる。
とても良い。ポストに届く喜び。漢字を忘れている。書く方も届く方もうれしい。
良い機会である。もらった方はうれしかったよう。
お礼の電話があり、会話がはずんだ
良い取り組みである。続けているが書くネタがだんだんなくなった。
ハガキを書いて、懐かしさを感じた。新鮮であった。
閉じ込められた気分が飛び出す気分になった。

多忙たため、乗り気でない
あまり意味を感じない
ハガキを出したい親戚が亡くなったので、出す人がいない
来年から年賀状を卒業するため電話で済ませる
年齢を重ねると手はふるえ、見づらくおっくう。
用事があれば電話する。改まって書こうとすると文章が書けず億劫

年賀状以外出したことがない方に出したので先方が驚いた。
スペースが少ないので、手紙でいろいろと伝えている。

ハガキ出し運動に関する自由意見
不参加者

コミュニケーションに役立つ
文章を考える・外に出て歩く・人と出会って挨拶する・大変いいこと
シニアクラブのメンバーのほかに親近感を感じるようになった。

歩行が難しいためハガキ活動はできず。
日ごろから筆を持っているので、特にハガキ出し運動は考えていない
目が悪く字を書くことに抵抗がある。
筆不精のためかかない。ラインで間に合う。
令和２年から会員となったが、知らなかった。ハガキ出し運動を説明してほしかった。

２）コミュニティセンター活動について

コミュニティセンター活動は「体操やウォーキング」に参加は47人（51%)、「趣味やサークル」に参加は59人（64%）であった。

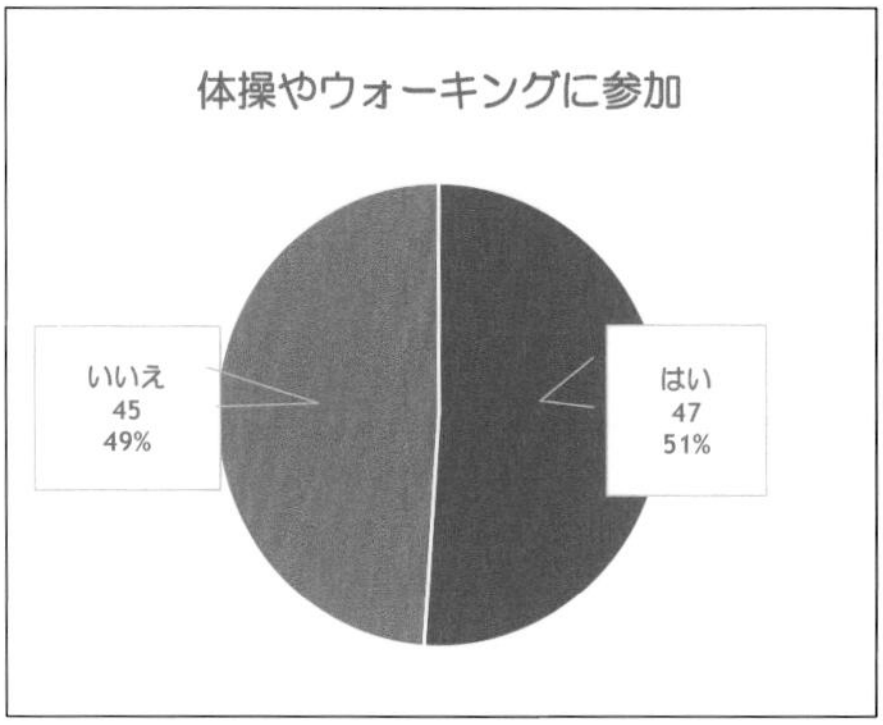
体操やウォーキングに参加
いいえ
45
49%
はい
47
51%

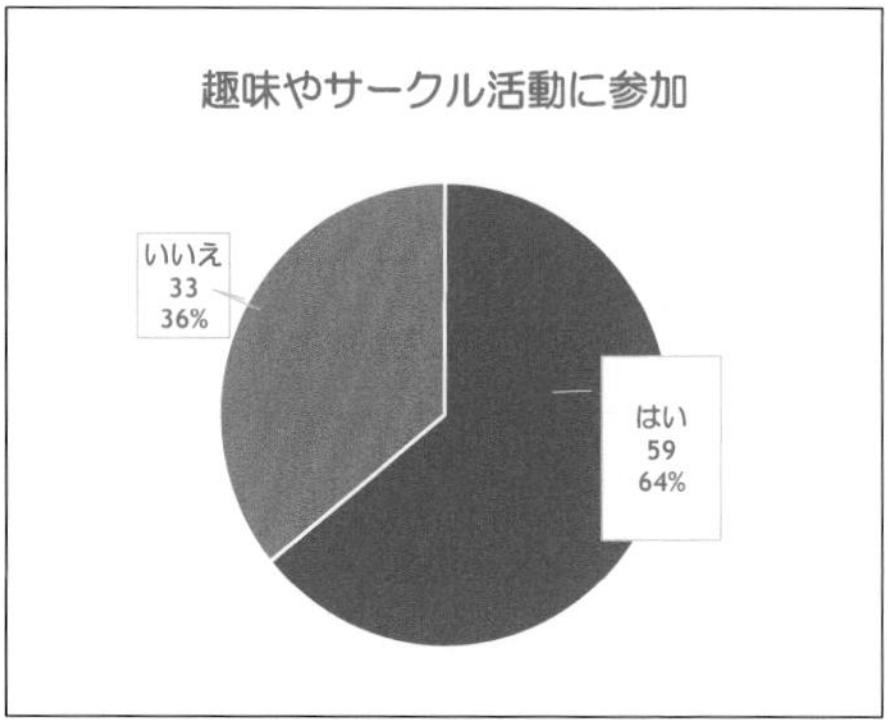
趣味やサークル活動に参加
いいえ
33
36%
はい
59
64%

その他の活動では、コミュニティセンター行事や男のクラブ（カフェ）が多かった。

その他の参加活動

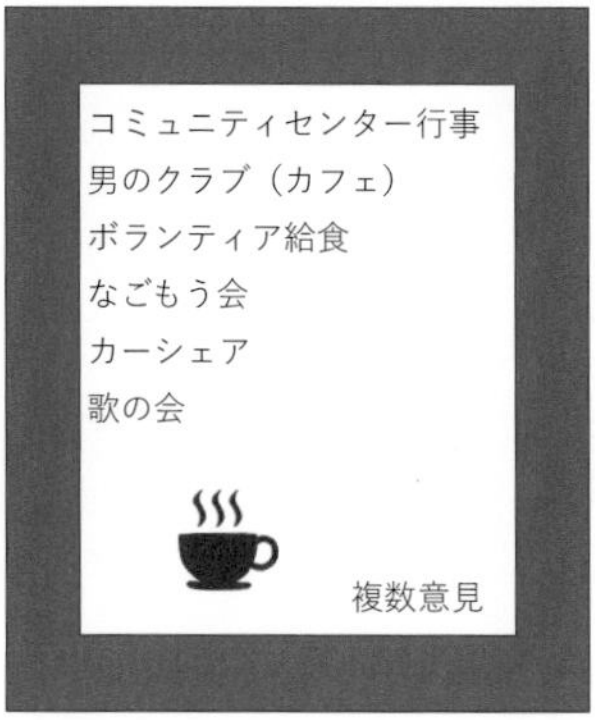
コミュニティセンター行事
男のクラブ（カフェ）
ボランティア給食
なごもう会
カーシェア
歌の会
複数意見

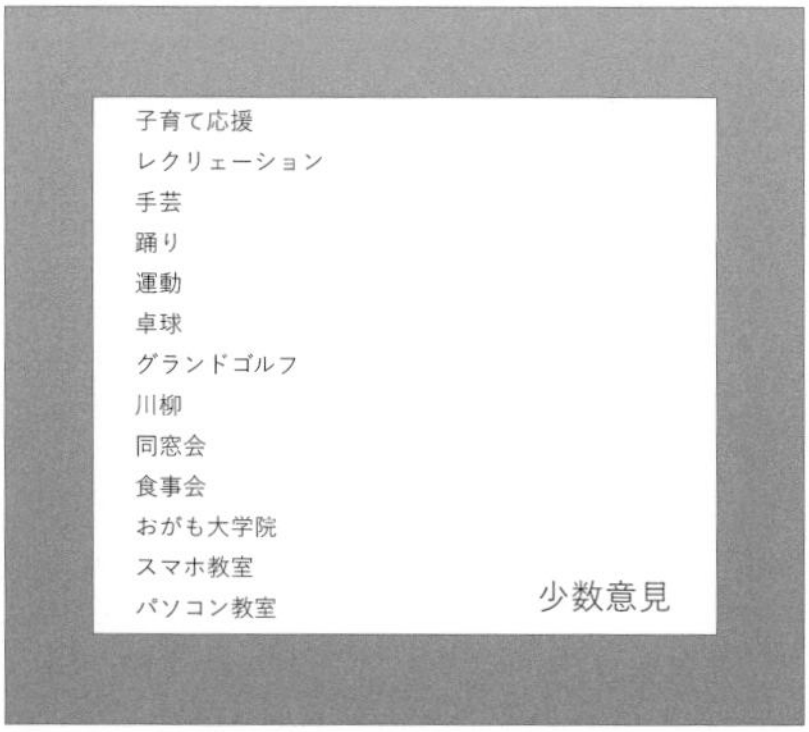
子育て応援
レクリエーション
手芸
踊り
運動
卓球
グランドゴルフ
川柳
同窓会
食事会
おがも大学院
スマホ教室
パソコン教室
少数意見

希望する行事や教室は、健康教室や運動・スポーツが多かった。

希望する行事や教室

健康教室（健康づくり、認知症予防）
運動・スポーツ
笑いセミナー
手話
楽器
料理
手芸
園芸
書道
パソコン
カラオケ

主観的生活満足度の平均は７点と高く、５点と８点代で二峰性を示した。

生活の満足について

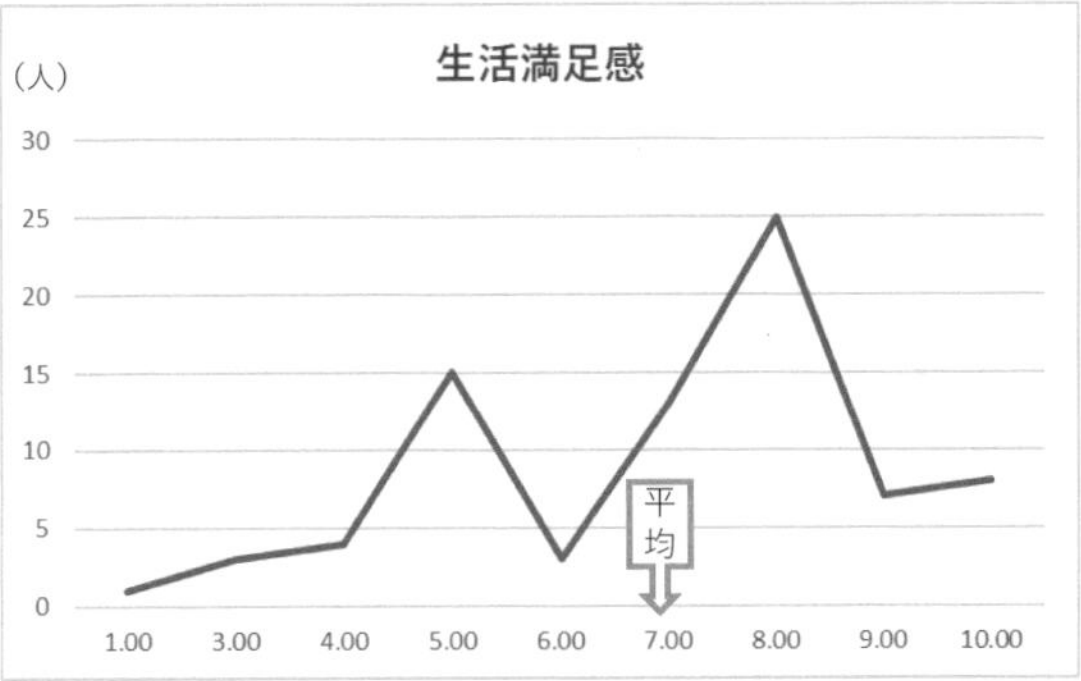
生活満足感
（人）
30
25
20
15
10
5
0
平均
1.00
3.00
4.00
5.00
6.00
7.00
8.00
9.00
10.00

３）JST版活動能力について

JST版活動能力とは、「一人暮らし高齢者が自立し活動的に暮らす」ために必要な能力を測定する尺度として開発され、「新しい機器の利用」「情報の利用」「社会貢献」「社会参加」が盛り込まれている[1)]。

各項目「はい」を１点、「いいえ」を０点としたJST版活動能力指標の合計は11.5(±3.5) 点であった。領域別では「新機器利用」2.9（±1.3）点、「情報収集」3.1（±1.2）点、「生活マネジメント」3.3（±1.2）点、「社会参加」3.1（±1.2）点と高かった。

JST版活動能力指標のアンケートの回答

	JST版活動能力指標	はい	いいえ
生活に使う新しい機器を使いこなす能力	1 携帯電話をつかうことができますか	76	10
	2 ATMをつかうことができますか	68	18
	3 ビデオやDVDプレイヤーの操作ができますか	52	34
	4 携帯電話・スマートフォンやパソコンのメールができますか	53	34
より良い生活を送るため自ら情報収集し活用する能力	5 外国のニュースや出来事に関心がありますか	79	9
	6 健康に関する情報の信ぴょう性について判断できますか	67	15
	7 美術品、映画、音楽を鑑賞することはありますか	58	28
	8 教育・教養番組を視聴していますか	58	25
自分や家族、周囲の人々の生活を見渡し管理する能力	9 詐欺、ひったくり、空き巣等の被害にあわないように対策をしていますか	73	14
	10 生活の中でちょっとした工夫をすることがありますか	63	18
	11 病人の看病ができますか	54	28
	12 孫や家族、知人の世話をしていますか	45	40
地域の活動に参加し地域で役割を果たす能力	13 地域のお祭りや行事などに参加していますか	71	16
	14 町内会・自治会で活動していますか	62	21
	15 自治会やグループ活動の世話役や役職を引き受けることができますか	40	48
	16 奉仕活動やボランティア活動をしていますか	47	38

JST版活動能力指標の得点

	JST版活動能力指標	平均（標準偏差）	全国標準値＊
新機器利用	1 携帯電話をつかうことができますか 2 ATMをつかうことができますか 3 ビデオやDVDプレイヤーの操作ができますか 4 携帯電話・スマートフォンやパソコンのメールができますか	**2.9(±1.3)**	2.3(±1.5)
情報収集	5 外国のニュースや出来事に関心がありますか 6 健康に関する情報の信ぴょう性について判断できますか 7 美術品、映画、音楽を鑑賞することはありますか 8 教育・教養番組を視聴していますか	**3.1(±1.2)**	2.9(±1.3)
生活マネジメント	9 詐欺、ひったくり、空き巣等の被害にあわないように対策をしていますか 10 生活の中でちょっとした工夫をすることがありますか 11 病人の看病ができますか 12 孫や家族、知人の世話をしていますか	**3.1(±1.2)**	2.8(±1.2)
社会参加	13 地域のお祭りや行事などに参加していますか 14 町内会・自治会で活動していますか 15 自治会やグループ活動の世話役や役職を引き受けることができますか 16 奉仕活動やボランティア活動をしていますか	**3.1(±1.2)**	1.7(±1.6)
JST版活動能力指標合計		**11.5(±3.5)**	9.7(±4.2)

＊65歳～84歳の全国の高齢者2580名のデータより算出されたもの

シニアクラブのアンケートの返信は、ハガキ出し運動に不参加だった方からも半数以上あったことから、意識の高さを感じた。

ハガキ出し運動の継続について、参加者からの継続希望は最も多かったが、ついで「どちらでもない」であった。また、不参加者でもっとも多いのは、「どちらでもない」、ついで「継続希望」であった。このことから、ハガキ出し運動を継続して、発信するとともに、積極的な参加者を増やすことが、活性化につながると考える。

ハガキ出し運動の参加者はコミュニティセンターの体操・運動や趣味・サークルに参加している人が多かったことから、体操・運動、趣味・サークル活動の参加者が個人およびコミュニティセンター宛てに「ハガキ」等で活動報告を主体的に発信することで交流を深めることになると考える。

高齢者の「活動能力指標」では、「新機器利用」「情報収集」「生活マネジメント」「社会参加」および「合計」で全国標準値より高かった。

ハガキ出し運動は、手紙や電話、スマートフォン等の通信手段の活用も影響すると推測する。

2-2　介護予防のための小鴨音頭３番体操の普及

１）小鴨音頭に関して

小鴨音頭は、昭和40年代に作られ、歌詞の１番と２番があり、小鴨の四季折々の風景が歌われている。小鴨小学校ではその歌や踊りを習う機会があり、運動会などで披露され区民の多くが知っている。そこで、３番の歌詞を小鴨シニアクラブ北村隆雄会長が作詞した。

小鴨音頭（昭和４０年代　創作）

作詞：作者不詳　作曲：福井里子、3番追加作詞：2022年3月北村隆雄

１番　梨の花咲く春の丘　秋にはたわわに実る里
　ホンに小鴨は　よいところ　よいところ　ソレ
　声をそろえて　手拍子打って
　小鴨音頭を歌って踊ろ
　岩倉城址に響くまで　ソレ　響くまで

２番　レンゲ花咲く天神野　秋には稲穂の波揺れて
　ホンに小鴨は　よいところ　よいところ　ソレ
　声をそろえて　手拍子打って
　小鴨音頭を揃って踊ろ
　天神様も見てござる　ソレ　見てござる

３番　光り輝く大山と　清き流るる小鴨川
　ホンに小鴨は　よいところ　よいところ　ソレ
　声をそろえて　手拍子打って
　小鴨音頭を皆んなで踊ろ
　人情花咲く小鴨の地　ソレ　花が咲く

小鴨音頭（ピアノ伴奏）

鳥取短期大学　山川智馨助教による譜面作成

そして、小鴨音頭のテープを起こして譜面を山川智馨助教が書き、3番の歌詞に合わせた介護予防体操を近藤剛教授が考案した。

小鴨音頭　3番　長寿の「小鴨」踊り

♪間奏　①ふくらはぎの運動⇒　リズムを取ってつま先立ち

「光り輝く大山と　清き流るる小鴨川」
②膝タッチ運動⇒　膝を上げて両手で膝にタッチ
「ホンに小鴨は　よいところ　よいところ　ソレ」
③スクワット運動⇒　両手を腰にあてて、お尻を後ろに引く
「声をそろえて　手拍子打って」
④くねくね運動⇒　両手を腰にあてて、腰をくねくね
「小鴨音頭を皆んなで踊ろ」
⑤胸と背中の運動⇒　両腕を伸ばし、身体の前で手拍子し、両肘を後ろに引き寄せる
「人情花咲く小鴨の地　ソレ　花が咲く」
⑥かかとタッチ運動⇒　両手を腰にあてて、片足を前に伸ばし、かかとで床タッチ

♪後奏　⑦サイドステップ　両腕を前後に振りながらサイドステップ　左へ2回、右へ2回
♪終わり　⑧バランス運動　大きく手を広げ、片足立ちでバランスをとる

運動指導：鳥取短期大学　幼児教育保育学科　近藤剛教授

２）小鴨音頭でフレイル予防

小鴨コミュニティセンターで歌グループの「プチカナール」や踊りグループの「丸山すみれ会・さくら会・小鴨音頭有志」の協

力を得てリハーサルを行い、11月２日の例会で、さんさんプラザでお披露目となった。

地域の歌グループや踊りグループが参加することでグループの活性化とともに、当日の参加者が踊りを覚えやすくすることに留意した。

当日の担当は、小鴨シニアクラブ連合会が統括を行い、小鴨音頭３番に関するところは、進行を小石真子准教授、介護予防体操指導を近藤剛教授、ピアノ演奏および歌唱指導を山川智馨助教が行った。

小鴨音頭３番の歌詞に合わせた運動の構成は、①ふくらはぎの運動、②膝タッチの運動、③スクワットの運動、④くねくね運動[2)]、⑤胸と背中の運動、⑥かかとタッチの運動、⑦サイドステップ、⑧バランス運動である。

2022年11月2日(水)　小鴨音頭3番の発表会
いつまでも健康で過ごすために
健康体操を
つくってみました
TCN

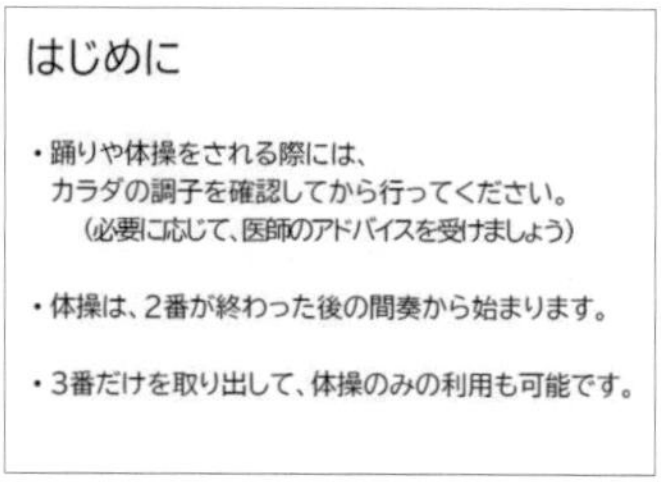
はじめに
・踊りや体操をされる際には、
カラダの調子を確認してから行ってください。
（必要に応じて、医師のアドバイスを受けましょう）
・体操は、2番が終わった後の間奏から始まります。
・3番だけを取り出して、体操のみの利用も可能です。

①ふくらはぎの運動

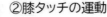

<効果>
ふくらはぎの筋力
バランス能力の向上
骨を強くする効果
血流促進、冷えやむくみの改善などの効果

<ポイント>
はじめは、リズムをとるように上下4回
下ろす時に、床をかかとでトンと叩く意識を！
(骨は長軸方向に物理的な刺激が加わることで骨の強さが増加する)
後半は、つま先立ちになった時に、
ふくらはぎにギュッと力を込めて上下2回！

②膝タッチの運動

<効果>
バランス能力UP
敏捷性の維持

<ポイント>
前半は、膝を上げてその姿勢を保持
(側方へバランスを崩しやすい。転倒に注意しましょう)
後半は、リズミカルに、テンポアップに挑戦

★テンポアップが難しい場合は、前半のリズムを繰り返しましょう。
★両手→片手、膝の高さは、本人の状態に応じて、調整してみてください。

③スクワット運動

<効果>
太腿の前面を中心とした
下半身、体幹筋の筋力アップ
全身の筋肉に効果が期待できます。

<ポイント>
足を肩幅程度に開き、つま先は外側に向けます。
背中を伸ばしすぎず、
ゆっくりと膝をつま先方向へ曲げましょう
曲げる角度は45-60度程度で十分。

④くねくね運動

徳島大学名誉教授の荒木秀夫先生の発案

<効果>
運動神経を活性化し、
脳の命令を隅々まで届ける

<ポイント>
足を肩幅程度に開き、腰に手を当てます。
そのままの体勢で腰を左右にくねくね！

腰や足の付け根(股関節)あたりに
刺激が加わることを確認してみてください。

⑤胸と背中の運動

<効果>
上半身、特に胸と背中の
筋肉、関節の活性化

<ポイント>
腕を背中側に動かす際は、
・脇を開き、両肘を上方へ引き上げる意識で
・左右の肩甲骨が引き寄せされるように意識！
・手はしっかりと握って「握力」に効果を！

⑥かかとタッチ運動

<効果>
つま先を引き上げる力UP
敏捷性の維持

<ポイント>
かかとをつける際に、
「つま先」を持ち上げる意識を強く持ちましょう
(‘弁慶の泣き処’に力を入れるイメージ)

★テンポアップが難しい場合は、前半のリズムを繰り返しましょう。

⑦サイドステップ

<効果>
動的バランス機能の
維持・向上

<ポイント>
移動させる足の幅は個人の状態に合わせて！
周囲の方に「たのしそうだなぁ」と
思ってもらえるように、左右にリズミカルに！
腕も前後にしっかり振ってみましょう

⑧バランス運動

<効果>
静的バランス機能の
維持・向上

<ポイント>
ご自身のイメージに合わせて、
両手を広げて、片足立ちのポーズを決めましょう

体操の最後を締めくくるポーズです！

小鴨シニアクラブ連合会の参加者は約90人であった。終了後のアンケートでは、ほとんどが「催しは楽しかった」、「小鴨音頭３番の体操はだいたいできた」、「体操をコミュニティセンターや自宅で行いたい」と答えていた。

さらに、鳥取短期大学学生が体操のモデルとなったDVDを近藤剛教授が作成し、翌月にシニアクラブ協議会会員に配布した。

慣れ親しみのある小鴨音頭を活用しての介護予防体操は参加者が取り組みやすかった。また、住民の歌や踊りグループがモデル的に実演することで、相乗効果があった。

さまざまな教材を配布しているが、介護予防体操を継続してもらうために、新たな計画を作成することが必要と考える。

2-3　小鴨シニアクラブ健康手帳について

小鴨シニアクラブ会員が健康に関して記録したり、健康手帳を見て生活に役立てるものである。

小鴨シニアクラブ健康手帳の項目は、①小鴨の歴史、②小鴨音頭１～３番の歌詞と介護予防のための小鴨音頭３番の体操、③長寿に向けて、2022年12月～2023年12月までの日々の記録、④小鴨コミュニティセンターのクラブや同好会の紹介、⑤何でも書き込める「備忘録」、⑥連絡先として「地域の関係機関」そして自分で書き込む緊急連絡先の構成、A5サイズの24ページである。

11月末に小鴨シニアクラブや倉吉市関係者の協力のもと、180冊を作成し、各クラブの支部長を経由して会員に配布できた。

小鴨シニアクラブ健康手帳
氏名：
小鴨ふみふみ・プロジェクト

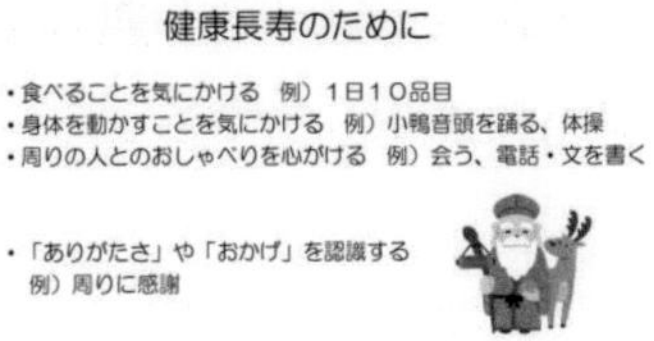
健康長寿のために
・食べることを気にかける　例）1日10品目
・身体を動かすことを気にかける　例）小鴨音頭を踊る、体操
・周りの人とのおしゃべりを心がける　例）会う、電話・文を書く
・「ありがたさ」や「おかげ」を認識する
例）周りに感謝

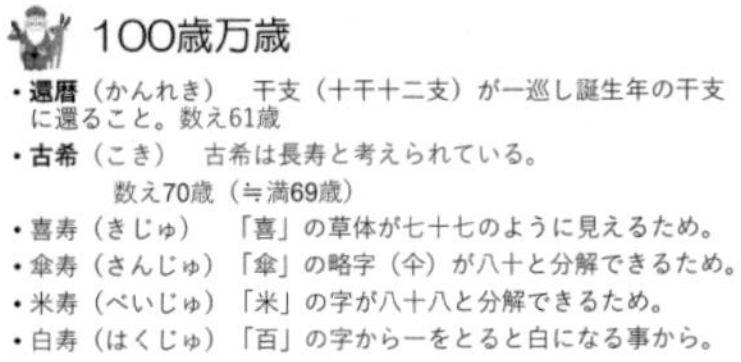
100歳万歳
・還暦（かんれき）　干支（十干十二支）が一巡し誕生年の干支に還ること。数え61歳
・古希（こき）　古希は長寿と考えられている。
数え70歳（≒満69歳）
・喜寿（きじゅ）　「喜」の草体が七十七のように見えるため。
・傘寿（さんじゅ）「傘」の略字（仐）が八十と分解できるため。
・米寿（べいじゅ）「米」の字が八十八と分解できるため。
・白寿（はくじゅ）「百」の字から一をとると白になる事から。

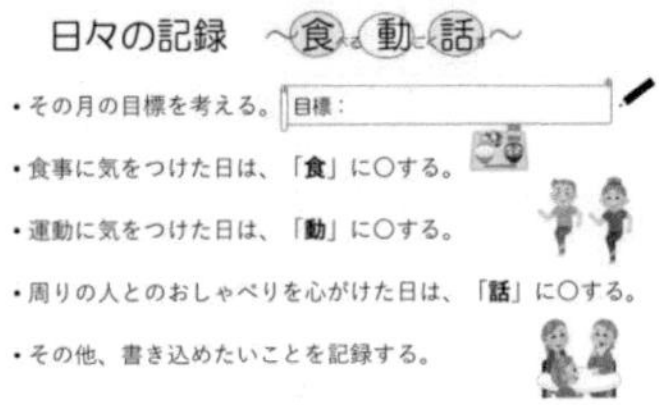
日々の記録　～食・動・話～
・その月の目標を考える。
目標：
・食事に気をつけた日は、「食」に○する。
・運動に気をつけた日は、「動」に○する。
・周りの人とのおしゃべりを心がけた日は、「話」に○する。
・その他、書き込めたいことを記録する。

小鴨シニアクラブ健康手帳について利用者の意見は、「毎日、区切りがついて良い」などがあった。

小鴨シニアクラブを中心に発信した健康手帳が近隣の地域でも関心を得ることができた。

地域や年々によって必要とされる健康手帳の内容は異なるので、住民の要望をとらえながら、活用しやすい健康手帳を検討する。

おわりに

ハガキ出し運動の結果検証から始まり、小鴨音頭３番に合わせた介護予防体操の普及や小鴨シニアクラブ健康手帳の配布へとさまざまな取り組みができた。それには、小鴨シニアクラブを引っ張って、活性化させようとする小鴨地区の住民の熱い思いと関係者の支援のおかげであると考える。

今後も地域活動を行うことで、地域貢献をしていきたい所存である。

なお、今回の取り組みは、鳥取看護大学・地域研究・活動推進事業によるものである。

参考文献・引用文献

1）科学技術振興機構（JST）；JST版新活動能力指標　利用マニュアル, 2013

2）荒木秀夫：つまずかない、転ばない奇跡のくねくね体操、宝島社（2018）

小鴨音頭記録用DVD集

New小鴨音頭ガイドブック
（3番追加説明含む）
2022年11月2日
小鴨シニアクラブ協議会　鳥取短期大学　鳥取看護大学

小鴨シニアクラブ作成

小鴨音頭2022
動画資料集
PDFデータ付

鳥取看護大学・鳥取短期大学
グローカルセンター作成

笑顔さんさん
OGAMO
小鴨音頭 2022

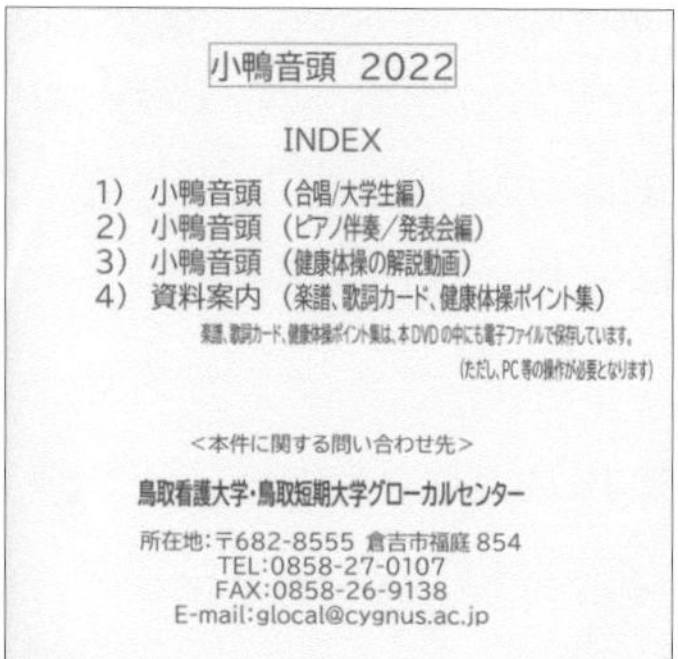

小鴨音頭 2022
INDEX
1）小鴨音頭（合唱/大学生編）
2）小鴨音頭（ピアノ伴奏/発表会編）
3）小鴨音頭（健康体操の解説動画）
4）資料案内（楽譜、歌詞カード、健康体操ポイント集）
楽譜、歌詞カード、健康体操ポイント集は、本DVDの中にも電子ファイルで保存しています。

（ただし、PC等の操作が必要となります）
<本件に関する問い合わせ先>
鳥取看護大学・鳥取短期大学グローカルセンター
所在地：〒682-8555 倉吉市福庭 854
TEL:0858-27-0107
FAX:0858-26-9138
E-mail:glocal@cygnus.ac.jp

第4章

2023年〜これからの地域おこし活動

寸劇・小鴨歌合戦

「ハガキ出し運動」を進め始め、2022年度は運動での健康効果と地域活性化を目的として鳥取看護大学と共同研究を進めています。今年2023年は左記の「創作話寸劇」小鴨歌合戦で「ハガキ出しのネタ」と「数々の地域おこし」を進めます。

題：小鴨歌合戦（創作昔話）

Nナレーション（米田春恵）
○小鴨のまるちゃん（廣谷啓一）
＊上井のきんちゃん（小原勝美）
△峠の狸（北村隆雄）
◇観衆・よもぎ団子（青木千秋）
♪音楽（北村仁美）

N　その昔、小鴨の村にまるちゃんという「おがも名物、よもぎ団子」を作る人がおってなぁ〜。

倉吉から北条の浜の辺りまで売って歩く人がおったそうな。

N　ある日、上井の辺まで来とったら今で言う「パープルタウン」のあたりに「紫家」という面白い芝居小屋があるが。一度も行ったことが無い。そこで寄ってみようと思いました。

○「今日はまんじゅうがよう売れた。はよ、仕事が済んだ。よおっし。」

○「ここが有名な上井の芝居小屋の紫家ですか？」

＊「えぇ、そうだで、日本の元祖・本家・芝居小屋の紫家ですょ。ここの名物　出し物の十八番。」

＊「上井のきんちゃん。ひょっとこ芸があるぞ！」

＊「とても面白いけ見て帰らんか。」

(きんちゃんひょっとこを演じる)

◇観衆「パチパチパチパチパチ、おもっせぇぞ～、すごいぞ。いょ！　さすが～！　上井のきんちゃん」

○「さすがだけど。おらも池田の殿様の草履とりをやっとった。俺も舞台で面白いこと出来るかも知れん。」

＊（内心。きんちゃん）それを察して……

＊「あんたも何ぞ、やってみんか。小鴨から来たそうだが、そこの名物やってみないな」

N　そこで小鴨で流行っとる「小鴨音頭」歌って踊って見せた。

＊◇「その音頭、ノリも良いし、楽しか、歌だな～踊りだぁぞ。」

＊◇「面白かっだぞ！　とアンコール、アンコール、アンコール」～

N　そんなことで、盛り上がって夜も遅くなり夜もふけてしまった。

○「こりゃ。遅なった。はよ帰らないけん。」

N　普段は河原町の通りで帰るけど、急いでおったので八幡神社の峠を通ることにしました。

○「あそこにはなぁ～古狸がおって人を騙すのが居るという噂がある。その狸。この際改心させて世の中に役立つたぬきにしてやろう。」

N　さて、峠に近づいてキョロキョロ探して歩いてみると、おったおった。痩せた狸がおる。

N　さてさて、狸が出てきて、言うことにゃ

△「なんか、食いもん無いか」

○「お前が有名な古狸か！　かわいさあに。餌不足か……」
△「そうなんだ。世界的食料危機がここまで来たわ。……おら、腹へった。なんかくれ〜」
○「しかたない。名物：おがものよもぎ団子、やらぁか。ただ、やるだけでは面白無い。」
○「そんなら勝負だ、勝負に勝ったら団子をやるけえ！　いっぱい食え。」
N　ということで『地産地唱：歌合戦』をやることになりました。
○「おれんちの「出来立てほやほや」名物の小鴨音頭。さっき上井でも大うけ、これで勝負。」
△「なにぉ〜、タヌキは名物「証城寺」歌だぞぉ〜。百年前からナツメロソング。これで勝負だ！」
N　歌合戦と聞いて集まった山の動物が大集合〜〜〜。
◇　「どっちも面白い」「面白かっだぞ！　引き分け！」「アンコール、アンコール、アンコール」の大合唱。
N○＊△◇♪　小鴨のポンポコポンを大合唱（おしまい）
こうして小鴨「音頭」と「よもぎ団子」は日本中に広まりました。

小鴨応援ソング　♪エンディング合唱
題：小鴨のポンポコポン
（原曲、証城寺の狸囃子。大正14年
作詞：野口雨情　作曲：中山晋平）

お　お　おがも　おがもの　まちは
ま　ま　まつりだ　みんなでて
こいこいこい
おいらの　なかまは　ぽんぽこぽんのぽん

あっちから　こっちから　でてこいでてこい
こいこいこい　こいこいこい
みんなでてこいこいこい

よ　よ　よもぎ　よもぎの　だんご
み　み　みんなで　たべると　うまい
うたって　おどって　ぽんぽこぽんのぽん

太鼓・拍子木２セット

令和５年度
鳥取看護大学・鳥取短期大学
地域研究・活動推進事業
助成金で寸劇に支給

小鴨よもぎ団子

今年２０２３年に社会を明るく面白くとの思いで「小鴨歌合戦」を地域おこしとして寸劇を考えつきました。この話の中で創作話として「よもぎ団子」を登場させたのは、地産地消でシニア向けに昔を思い出し健康に良い「物」を探してみました。小鴨という地域は田園地帯であり散歩に行くと野原や河川敷には「草、くさ」が生えています。草という言い方の「草」はどうも食えんだろうというイメージがあります。でもまあ考えてみれば道端に〝咲く花や空き地に〟茂っている「葉の野草」は、いにしえより心身を整えるような効果を発揮すると言われています。

言い方を変えて「効果のある薬草や山野草」となるとこれは、ぜひ、食べなきゃという風になっています。毎日食べている野菜は野草を集団的に畑に植えて肥料をやって品種改良や管理すると野菜となるようなものでしょうか。

私は山奥に生まれ、子どもの頃の野原遊びと同時に食べられる木の実や野草を食べました。あっちゃこっちゃして転んだりすると傷口にヨモギを揉んで擦り付けて治したりしていました。お母さんに連れられ若葉の新芽を採りに行き、お汁などで食べる経験もいたしました。

今回はそれで「＊よもぎ」をテーマにして団子にするということを思いつきました。そこでおなじみ地域の食生活改善委員とか、何か面白いことを考えるシニアクラブのメンバーとか。おがもカフェ常連メンバーに声掛け。……。オーィ。団子を作るぞ。特製よもぎ団子だということで5人メンバーを揃えました。そのうちのひとりが季節柄野原に「よもぎ」新芽が無いので「よもぎの粉」をスーパーから買ってきました（＊蓬。お灸に使いよく燃える意味で善燃草。よく増える意味の四方草との説があります。）。

さて、ここから食改のAさんの腕の見せ所。材料は白玉だんご粉、よもぎ粉、砂糖、絹ごし豆腐～。苦労したのは「もちもち感」を出すため絹ごし豆腐を適度に入れたとのことです。出きたできたと「きな粉」をまぶって試食会。……20個作ってメンバー集まり試食会。美味しくて昔懐かしい味をだせました。

そこで本題。「小鴨歌合戦」話のメインテーマ『小鴨音頭』のおやつ（こばしま）に団子を食べる。そして田園地域のよもぎ話で観客を引き付ける劇となります。皆さま、お楽しみに！！！

このような地域の創作話や住民パワーで地域や日本を元気にしてまいりましょう。そんな元気オリジナルキャラを考えました。

●とっとりいきいきシニアバンク「生涯現役」ＨＰより

倉吉市初　男性の食生活改善推進員誕生

地域での食育推進の担い手として活躍する食生活改善推進員に鳥取県倉吉市小鴨地区の男性２人が、倉吉市としては初めて男性の推進員になり活躍しています。廣谷啓一さんと河野和人さんです。

食を通した健康づくりのボランティアとして活動する食生活改善推進員は栄養教室や減塩対策、料理教室等を実施していますが、これまでは推進員の皆さんも参加者の皆さんも女性が中心でした。

廣谷さんは「昨年10月に男性向けの料理教室を実施し10数名の参加があり好評でした。男性にも食生活に関心を持ってもらうよう、さらに活動を広げていきたい」と話します。

小鴨シニアクラブ協議会は「ハガキ出し運動」を展

倉吉市食生活改善推進員
小鴨
シニアクラブ協議会
鳥取 倉吉
ヘルスメイト

左から廣谷さん、河野さん、著者

開し、人のつながりの大切さの再認識、フレイル予防に取り組んでいます。北村さんは「食は私たちの生活の基本であり彩を与えてくれる。推進員さんにお願いし健康に良いよもぎ団子を考案してもらった。10月に開催予定の小鴨歌合戦で皆さんに味わってもらいたい」と話します。男性推進員の誕生により同協議会の活動がますます広がっていくことでしょう。

笑顔さんさん
OGAMO
「笑顔さんさんOGAMO」Tシャツ

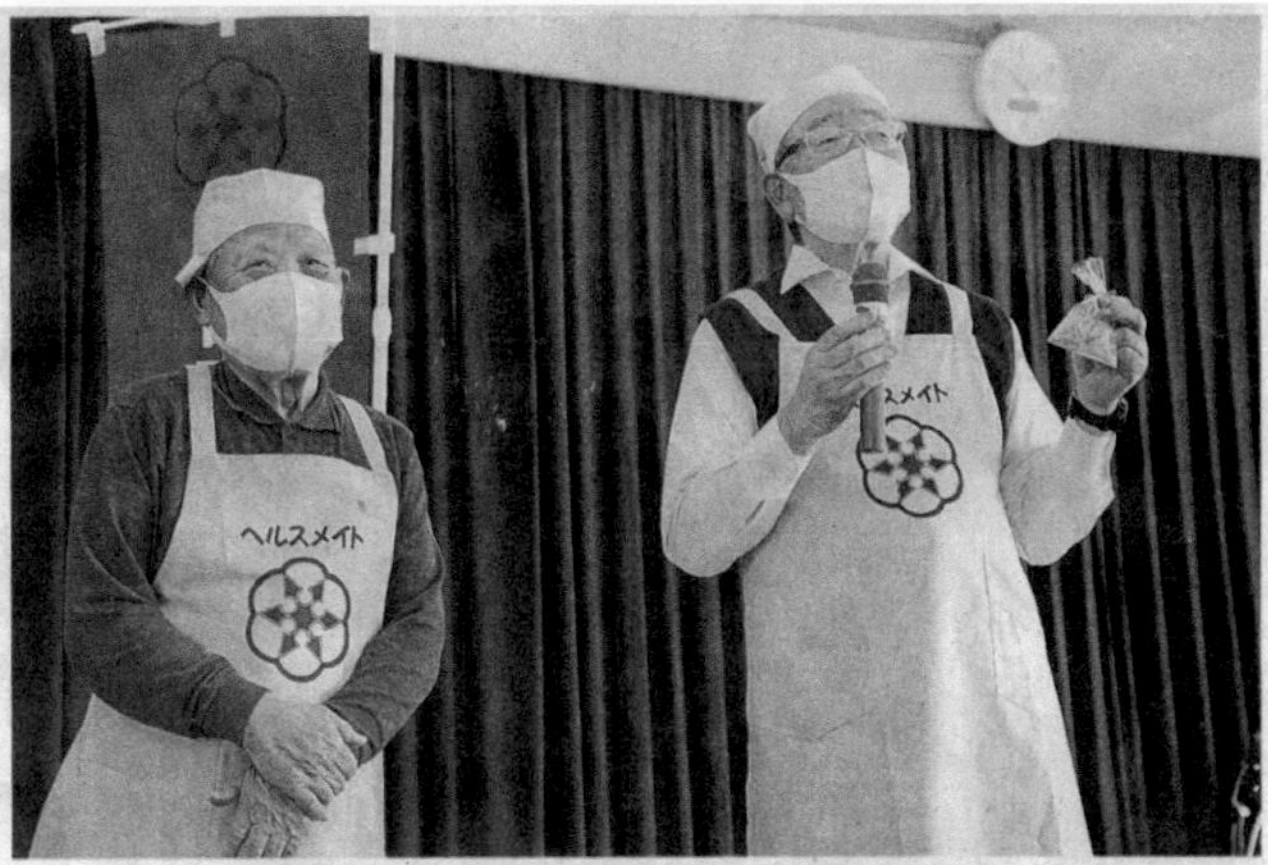
ヘルスメイト
スメイト

小鴨歌合戦にちなんだよもぎ団子をお披露目した広谷さん（右）と河野さん

特製よもぎ団子を披露

市初の男性食生活改善推進員

倉吉市

倉吉市初の男性の食生活改善推進員２人が、同市中河原の小鴨コミュニティセンターで開く「男のクラブおがもカフェ」（北村隆雄代表）で、「よもぎ団子」をお披露目した。健康づくりなどに取り組む小鴨シニアクラブ協議会が企画する寸劇「小鴨歌合戦」に登場する団子をモチーフに作った菓子。団子の粉に絹ごし豆腐を入れてもちもち感を出している。

鳥取県食生活改善推進員連絡協議会の昨年度の男性会員は18人だった。このうち同市の男性推進員は、同市丸山町の広谷啓一さん(76)と河野和人さん(74)の２人で、複数の講習を受けて腕を磨いてきていた。この日は、他の推進員らと一緒に団子を手作りし、同カフェに訪れた人に配った。２人は「絹ごし豆腐を入れてやわらかくした。つまんで食べたらおいしかった」と出来栄えに満足そうな様子。

10月の「小鴨歌合戦」披露に合わせて１５０人分３００個を作る予定。よもぎ団子のレシピは、同センターで配布している。

（加嶋祥代）

2023年４月６日　日本海新聞

よもぎ団子（15～18個分）のつくり方

【材料】

団子

・白玉だんご粉　100g

・よもぎ粉　5g

・砂糖　10g

・絹ごし豆腐　115g～120g

（もちもち感が出るので入れた）

きな粉

・きな粉　20g

・砂糖　15g

・塩　1g

【つくり方】

①よもぎ粉は、たっぷりの湯で3～5分もどす。お茶パック等でこして湯を切る。

②白玉だんご粉に砂糖を混ぜる。

③豆腐を2／3程ねり込む。

④もどしたよもぎ粉をねり込む。
⑤耳たぶくらいになるまで豆腐を入れてこねる。
⑥1個を13g～15gに分け、まるめて中央をへこませる。
⑦たっぷりの湯に入れ、浮いたらさらに3～5分ゆでる。
⑧冷水に取り、水気をキッチンペーパーで等で取る。
⑨きな粉をつけて出来上がり。

＊今回1個13gで19個取りました。
15g　17個

※よもぎ粉　お菓子やお料理には、繊維質だけを使い浸したお湯は使いません。

食べると元気
オガモ君

元気モリモリ!!

モトハシトーゴさん（農民マンガ家）の応援マンガ

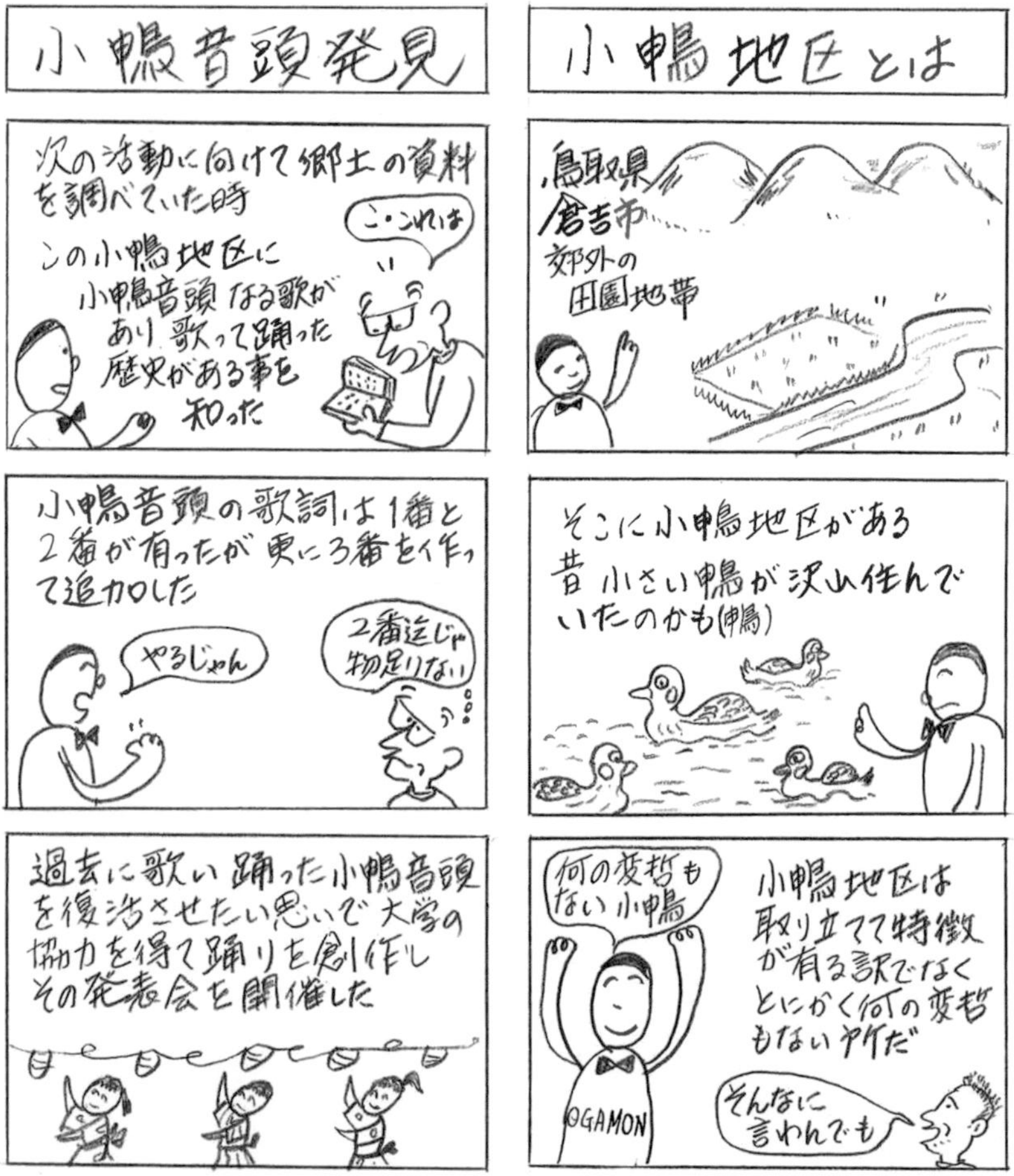
小鴨地区とは
鳥取県
倉吉市
郊外の
田園地帯
そこに小鴨地区がある
昔 小さい鴨が沢山住んでいたのかも(鴨)
小鴨地区は
取り立てて特徴が有る訳でなく
とにかく何の変哲もない所だ
何の変哲も
ない小鴨
OGAMON
そんなに
言わんでも
何故か
その地区が輝いている
小鴨音頭発見
次の活動に向けて郷土の資料を調べていた時
こ・これは
この小鴨地区に
小鴨音頭なる歌があり 歌って踊った歴史がある事を知った
小鴨音頭の歌詞は1番と2番が有ったが 更に3番を作って追加した
やるじゃん
2番迄じゃ
物足りない
過去に歌い踊った小鴨音頭を復活させたい思いで 大学の協力を得て踊りを創作し その発表会を開催した
やるぞ〜
これを機に
小鴨地区の
更なる活性
化を目指して
登場したのが
オガモ君です
それが〜

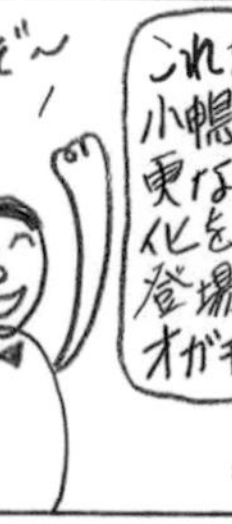
①②③

オガモ君誕生

住めば都

すごい仕掛人
ハ〜イ
小鴨地区が輝いているのは実は個性的な仕掛人のたゆまぬ努力が有ったからです
仕掛人の行動力が凄いってなんのって!
生涯現役
仕掛人
総なめ
仕掛けられたのは老人会を皮切りに保育園児小中高大・学生一般人と
誰も彼も
それに巻き込まれたのは
ご迷惑を
お騒わがせを
役所に始まり図書館・新聞社TV・郵便局・・・各会社
無作為で手当り次第

あなたも
やってみな晴(はれ)

次々と仕掛が
仕掛けたイベントは数知れず
その種類と巾の広さに・・・
ある時は
忘れかけていた地元で偉業を成した人物にスポットを当て地元の誇を再認識させた
またある時は
作った詩に曲をつけてもらい発表会を
そして又ある時は
童話を作って子供達に披露

チャンポン
おじさん登場

むすびに

今まで思いついたアイデアの中で「ハガキ出し」が健康維持や地域活動推進力となりました。この事例は五感を働かせたアイデアは長寿社会における健康指針のひとつとして、健康増進に寄与していることが鳥取看護大学の研究論文で示されています。この事例を提言として、長寿社会における五感と身体運動は将来のビジネスモデルとなりえるものです。(例えば) 特許検索をしてみるとお分かりですが特許番号：特開２００２−１４０５２７　名称：ライフスタイル最適化システム　出願人：住友保険生命相互会社のようなテーマへと進化可能です。

同じく、シニアクラブ向けに開発された「健康手帳」は会員の利用とともに、介護施設のデイサービス用健康管理アイテムとして拡大・利用できると思います。

このように、健康維持最多世代の最大のテーマとする〝シニア世代の会員ニーズと実践の場〟としてこれからもスキルＵＰしてまいります。

みなさんと共に、明るく、楽しい未来を創っていけることを願っております。

これからの社会提言として

この本を読んでいただいている全国の皆さん、こんにちは。

ここ鳥取県は日本で一番人口が少ない県であるとともに、県都鳥取市・商都米子市が多くの人口・産業を占め、私の住む中部倉吉市は知名度の低い街です。

しかし、人口が多かろうが、工場が多かろうが、２０２０年のパンデミックにより一定期間、日本中が老いも若きも、街も地域も関係なく自粛を経験しました。

とはいえ、「何かしなけりゃ」、「じっとしていいわけない」と思う日々でした。

そこで本能的に直観的に、人間は動物。……ただただ歩こう。人間は考える葦。……やっぱり人間、五感を動かさなきゃ。という思いでひねり出した具体的な行動が「ハガキ出し運動」でした。


この運動、本文内にもありますが、まさか、こんなにウケるとは思いませんでした。おだてられると調子にのる素地、さらには「ありあまる時間」と「何かしなければ」の化学反応。田舎（倉吉市小鴨）の地に「だから、あいつを会長にさせるなと言ったのに！」の行動反響の渦が巻き起こりました。それがまた、新聞記者の目にとまり全国に広まった次第です。

その後は次々に「失敗しても立ち直りが早い」性格のため、日本の良き文化のハガキ書き、キャラ作り、歌、劇などを思いつくままに、誰かの望みを叶えるために行動してきました。この「やってみればなんとかなる！」の経験は貴重な地域活性化でした。

みなさん。小鴨の例は偶然ではありません。皆さまの地域でも良い所や秘めたる人材が山のように、海のようにおられると思います。「住めば都」のように地域の宝や良き文化が必ずあります。まずはなにかやってみよう。

なにかやってみたいと思われる方はぜひ計画してみてください。特に退職後のシニア世代で好奇心とユーモアを身に着けたい、楽しい地域を作ってみたい、アイデアを出して喋りたいという方々。当、クラブもアイデアと行動力で進化していきます。交流して楽しい日本を創ってまいりましょう。

追伸‥どうか、小鴨の地に来てみてください。奇跡のごとく・雑草のごとく生きているダメ男（自称）が10年以上も続け、地区内外から来られるお客様との交流の場ともなっている男のクラブ「おがもカフェ」があります。この活動が小鴨シニアクラブの原点です。

百聞は一見に如かずと申します。ぜひお待ちしております。（来れない方はネットで見てください）。

２０２３年６月16日　小鴨シニアクラブ協議会　会長　北　村　隆　雄

著者経歴

鳥取県生まれ
鳥取県立工業高等学校卒
電機会社を経て独立
特許他 産業財権約300件出願

【地域活動】
小鴨シニアクラブ協議会　会長

小鴨コミュニティセンター
男のクラブ　おがもカフェ　代表

小鴨地区振興協議会
太一車研究委員会　委員長

◎主な著書

詩集
みち草日記
人生は、
山あり谷あり、みち草ありと
読んで楽しいポエム集
単行本化

平成いろはの
みち草日記
今井出版　2010.2.18

道草日記
人生は、山あり谷あり、道草あり。
楽しいポエムとまんがのエッセイ集。
単行本化!

ポエムとまんがの
道草日記
今井出版　2016.5.5

太一車
近代稲作の父・中井太一郎
倉吉発の農機具が稲作を救う!

太一車
—近代稲作の父・
中井太一郎—
今井出版　2020.9.16

コロナに負けない新時代
「所さん！大変ですよ」で放送されました。

コロナに負けない
新時代
「ハガキ出し運動」爆走中
今井出版　2021.7.21

協力

- 倉吉市コミュニティセンター
- 倉吉市地域づくり支援課
- 倉吉市企画課
- 鳥取県社会福祉協議会
- 公益財団法人鳥取県老人クラブ連合会
- 公益財団法人全国老人クラブ連合会
- 倉吉市立小鴨小学校
- 月刊　環境ジャーナル
- ハガキを提供いただいた皆さま

すごい!!

おめでとう
ございます!

本書は「倉吉市令和４年度協働のまちづくり活動助成事業」及び「生命保険協会鳥取県協会　令和４年度高齢者応援団体に対する助成活動」の助成金を受け、制作しました。

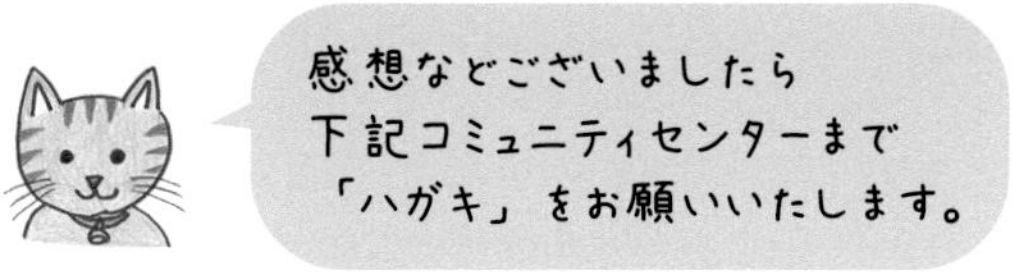
感想などございましたら
下記コミュニティセンターまで
「ハガキ」をお願いいたします。

チャンポンおじさん地域おこし

2023（令和５）年７月19日　発行

著　者：北 村 隆 雄

発　行：小鴨シニアクラブ協議会
〒682-0856 鳥取県倉吉市中河原772-6
（小鴨コミュニティセンター〈公民館〉内）
TEL 0858-28-0964

発　売：今井出版

印　刷：今井印刷株式会社

ISBN 978-4-86611-348-7